データで学ぶ『新・人間革命』

Vol.4

8巻〜9巻

パンプキン編集部・編

潮出版社

Data データで学ぶ『新・人間革命』

Vol.4

・8巻〜9巻・

パンプキン編集部・編

潮出版社

もくじ

第8巻

布陣の章

Contents

宝剣の章

清流の章

Contents

激流の章

第9巻

新時代の章

鳳雛の章

光彩の章

衆望の章

Contents

巻末資料

『新·人間革命』

第8巻

布陣の章
宝剣の章
清流の章
激流の章

布陣の章

「最初の女性宇宙飛行士」テレシコワ氏と池田SGI会長の友情

「布陣《ふじん》」の章で言及《げんきゅう》される、ワレンチナ・V・テレシコワ氏の宇宙飛行。後に池田SGI（創価学会インタナショナル）会長は、彼女《かのじょ》と3度にわたり会見する。そこから生まれたエピソードとテレシコワ氏の人物像を紹介《しょうかい》してみよう。

女性初の偉業《いぎょう》を支えた母との絆《きずな》

1963（昭和38）年6月16日、ソ連（当時）の宇宙船「ボストーク6号」に乗って、ワレンチナ・V・テレシコワ氏が女性として世界初の宇宙飛行に成功した。「布陣」の章にも、このニュースと、テレシコワ氏の人物像についての言及がある。

「テレシコワさんは、女性も宇宙飛行士として活躍《かつやく》できることを、世界の女

モスクワで再会した池田SGI会長とテレシコワ氏(1987年5月)

性に示した。まさに、女性が社会の第一線で活躍していく時代の、幕を開いた一人といえる」

山本伸一《やまもとしんいち》は、女子部のリーダーとの懇談《こんだん》の席で、そのように言うのだ。

テレシコワ氏の幼少期は、第二次世界大戦の真《ま》っただ中《なか》であった。生まれ育った家庭も、戦争によって運命を翻弄《ほんろう》された。優秀なトラクターの運転手だった父親は、彼女が3歳《さい》のときに戦死した。

母は雑役婦《ざつえきふ》などをして働きながら、女手一つで3人の子どもたちを懸命《けんめい》に育てた。テレシコワ氏自身も、17歳のときから工場で働き、家計を支えた。初めての給料日に、母に花模様のスカーフとお菓子《かし》を買って帰ると、母は感激して泣いたという。

「宇宙飛行士」になりたいと思ったのは、1961(昭和36)年4月にソ連のユーリー・ガガーリン少佐が人類初の有人宇宙飛行に成功したときのこと。ソ連中がこの快挙に沸《わ》くなか、母が何げなく言った「男が飛んだんだから、この次は女の番だね」[※1]という言葉が、テレシコワ氏の心をつかんだ。

宇宙飛行士に志願し、女性候補者の一人となった。当時のソ連の男性の宇宙飛行士たちはみな、戦闘機《せんとうき》パイロット出身であったから、基礎的訓練《きそてきくんれん》はすでに受けていた。しかし、女性候補者たちはゼロからのスタート。それどころか、宇宙で女性の体がどのような反応を示すか、だれにもわからないような状況《じょうきょう》であった。

テレシコワ氏には、宇宙飛行士に求められる心の強さがあった。彼女は自伝の中で、「私は子供のときから、静かなところや暗闇《くらやみ》をこわがったことはありませんでした」[※2]と書いている。

膨大《ぼうだい》な講義と肉体的訓練は苛烈《かれつ》さを極めた。だが、訓練所の自室に飾《かざ》った母の写真が「おまえには、きっとできるよ」[※3]と励《はげ》ましてくれている気がして、彼女は訓練に耐《た》えた。ただ、機密の保持のため、訓練中には母親にさえ、宇宙飛行の準備をしていることは打ち明けられず、〝パラシュート部隊に入って、訓練している〟と説明していたという。

テレシコワ氏の乗った「ボストーク6号」に、地上から母のメッセージが無電で届けられた。

「ワーリャ（ワレンチナの愛称）！私の娘《むすめ》が、そんなに大《だい》たんで元気がいいと思うと幸せですよ。お前を誇《ほこ》りにすると共に、私たちが愛する地上に無事に帰って来る日を心待ちにしています」[※4]

女性初の宇宙飛行という偉業《いぎょう》の陰《かげ》には、母の存在があったのだ。

池田ＳＧＩ会長は１９７５（昭和50）年５月26日、第２次訪ソに際してテレシコワ氏と初会見を果たした。その模様は、『新・人間革命』第21巻「宝冠《ほうかん》」の章に詳《くわ》しく描《えが》かれている。

世界的英雄は、平和を祈る一人の女性でもあった

池田会長とテレシコワ氏が再会を果たしたのは、87（昭和62）年５月、会長の第４次訪ソにおいてであった。

このときの訪ソに合わせ、モスクワでは「核兵器《かくへいき》――現代世界の脅威展《きょういてん》」（以下、「核の脅威展」）が開かれた。同展はＳＧＩが82（昭和57）年から、国連広報局、広島・長崎市と協力して世界各国で開催《かいさい》してきたもの。ソ連ではこのときが初の開催であった。

くしくもこの年は、創価学会第二代会長・戸田城聖《とだじょうせい》の歴史的な「原水爆《げんすいばく》禁止宣言」からちょうど30周年。その節目の年に、アメリカと肩を並べる核大国・ソ連で、核兵器の脅威を訴《うった》える展示が大々的に開催《かいさい》されたのである。核《かく》廃絶《はいぜつ》・軍縮に向けての国際世論を喚起《かんき》するうえで、大きな意義をもつイベントであった。

当時、テレシコワ氏は「ソ連対外友好文化交流団体連合会」（ソ連対文連）の議長という要職にあり、池田会長招《しょう》

聘《へい》の中心者であった。「核の脅威展」開催に当たっても、ソ連側の中心者となり、開幕式の日には早朝から会場の陣頭指揮《じんとうしき》に当たっていた。

再会時に、池田会長はテレシコワ氏と長く対話を交わすなかで、再び、宇宙飛行のときの思い出について聞いている。

彼女が宇宙で故郷の上空に差しかかったとき、地上に送ったメッセージは「わが母と、世界のすべての母親の幸福を希望する」[※5]というものだったという。会長はその話に深く心を打たれ、後に随筆《ずいひつ》でも紹介している。女性として初めて宇宙に飛んだ世界的ヒロインは、「母のような戦争未亡人や、私のような『父を知らない子』を二度とつくってはならない」[※6]と平和を祈る一人の女性でもあったのだ。

そして、池田会長とテレシコワ氏は、90（平成2）年7月の第5次訪ソで池田会長がゴルバチョフ・ソ連大統領（当時）との初会見を果たした際にも、再会している。これが、3度目の出会いであった。

その後も、テレシコワ氏は各国SGIの女性たちと対話の機会をもつなど、SGIとの交流を続けている。

【出典】※1、3、6『池田大作全集』第123巻 随筆「世界の指導者と語る」
※2、4『テレシコワ自伝』（宮崎一夫 訳）合同出版 ※5『池田大作全集』第137巻 随筆「人間世紀の光」

Column

テレシコワから始まる 女性宇宙飛行士の軌《き》跡《せき》

Valentina Vladimirovna Tereshkova

1960年代、人類が宇宙へ飛び出すことに人びとが胸を躍《おど》らせていた時代。まだ少女だったアメリカの元国務長官ヒラリー・R・クリントンも宇宙飛行士に憧《あこが》れ、NASA（米航空宇宙局）にどうしたら宇宙飛行士になれるかを尋《たず》ねる手紙を出した。ところがNASAの返信は、女性は宇宙飛行士にはなれないということを示唆《しさ》するものだった。そんななかで、ワレンチナ・V・テレシコワが先駆者《せんくしゃ》となって切り開いた女性宇宙飛行士という道に続いた、世界の女性宇宙飛行士たちの活躍の一端《いったん》を紹介する。

サリー・K・ライド

***1951 〜 2012*＊アメリカ**

Sally Kristen Ride

★1983（昭和58）年、スペースシャトル「チャレンジャー号」に搭乗《とうじょう》し、世界で3人目、アメリカでは初の女性宇宙飛行士に。翌84（昭和59）年のシャトル飛行でも活躍《かつやく》し、当時のNASA長官が「宇宙開発では男女が同等の役割を果たせることを実証してくれた」（※1）と称《たた》えた。

スベトラーナ・Y・サビツカヤ

***1948* 〜＊旧ソ連**

Svetlana Yevgenyevna Savitskaya

★テレシコワが宇宙に飛び立ってから19年後の1982（昭和57）年、ソ連の宇宙船「ソユーズT7号」に宇宙研究員として乗り込み、打ち上げは成功。世界で2人目の女性宇宙飛行士となる。

アイリーン・M・コリンズ

1956～＊アメリカ

Eileen Marie Collins

★1995（平成7）年、女性として初めてスペースシャトルのパイロットを務め、99（平成11）年には初となるスペースシャトルの女性船長として「コロンビア号」に搭乗した。

◉2013（平成25）年、NASAは小《しょう》惑星《わくせい》や火星をめざす次世代宇宙飛行士の候補生8人を選定。そのうち半数を女性が占めるという初の結果になった。NASA広報は「今年は素晴《すば》らしい女性候補が大勢いた。その中から性別に関係なく、ふさわしい人材を選んだ」（※3）と話す。NASAは2030年代には人類を火星に送り込む計画を立てており、人類で初めて火星に降り立つのは女性宇宙飛行士かもしれない。

ヘレン・P・シャーマン

1963～＊イギリス

Helen Patricia Sharman

★1991（平成3）年、ロシアの宇宙船「ソユーズTM12号」に搭乗。イギリス人としても初めて、宇宙に飛び立った。

向井千秋

1952～＊日本

Chiaki Mukai

★1994（平成6）年、日本人女性初の宇宙飛行士として、アメリカのスペースシャトル「コロンビア号」に搭乗。打ち上げの前年の記者会見で、「女性という殻《から》を破れない人たちが『わたしもやってみよう』ということになれば」（※2）と語る。

【出典】※1「朝日新聞」1987年5月27日付夕刊　※2「朝日新聞」1993年5月26日付夕刊
※3 CNNウェブサイト 2013年6月18日配信
【参考文献】JAXA宇宙情報センターウェブサイト

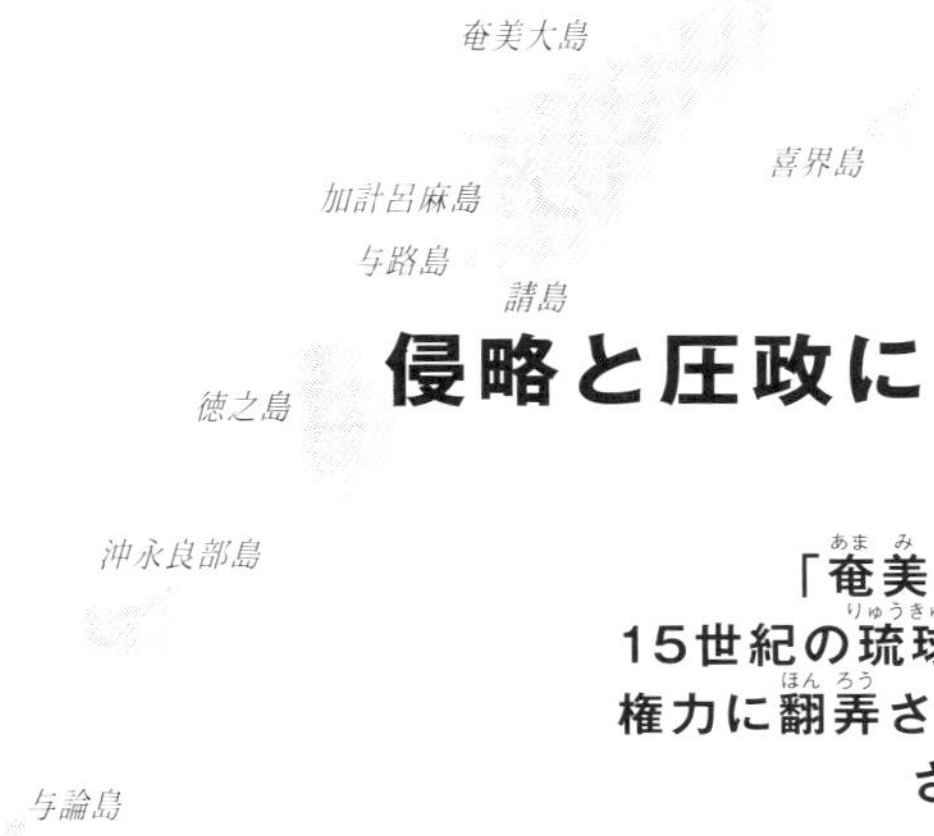

侵略と圧政に耐《た》え続けた島

「布陣」の章で語られる「奄美《あまみ》の忍耐《にんたい》と苦渋《くじゅう》の歴史」。15世紀の琉球《りゅうきゅう》王朝による侵攻《しんこう》以降、権力に翻弄《ほんろう》され続けた奄美の歴史をさらに俯瞰《ふかん》してみよう。

奄美への権力による圧政は、15世紀中ごろ、琉球王国による奄美への侵攻から始まった。日本への航路の確保や交易の競争相手であった奄美を打倒《だとう》したいとの思惑《おもわく》からだ。1466年には奄美群島全域が支配下に置かれた。それから約150年間、琉球による支配の時代（那覇世《ナハンユ》）を送る。

江戸《えど》時代初期の1609年、今度は薩摩藩《さつまはん》の島津家久《しまづいえひさ》が兵を率いて琉球・奄美に侵攻した。薩摩が琉球に勝利を収めて、以後、奄美は薩摩藩の実質的な領地となる。幕末まで続く薩摩藩支配の時代（大和世《ヤマトユ》）の始まりである。

農民たちには米よりも値段の高いサトウキビ栽培《さいばい》が強制され、1747年からは、それまで米で納めていた年貢《ねんぐ》を黒糖で納めさせる「換糖上納《かんとうじょうのう》」が始まった。「換糖上納」によって稲作が縮小。それは時に、徳之島《とくのしま》では3000人もの島民が餓死《がし》するなど、飢饉《ききん》の要因にもなった。

それから幕末にかけて、財政難にあえいだ薩摩藩による搾取《さくしゅ》が激しくなる。1830年からは、島民が作った砂糖はすべて藩の買い上げ（年貢で納める分とは別）となり、隠《かく》れて売れば死罪となった。生活必需品《ひつじゅひん》は金銭の流通も禁止。砂糖との交換《こうかん》で藩から「買う」形にされ、その値段も大阪などの相場に比べて著しく高かった。

藩命で蟄居《ちっきょ》を言い渡《わた》され、1859年から3年間を奄美で暮らした薩摩藩士の西郷隆盛《さいごうたかもり》は、このような島民の窮状《きゅうじょう》に心を痛め、待遇《たいぐう》改善のための訴《うった》えを起こした。彼は、島の子どもたちに勉学を教えるなどして、島民たちに慕《した》われたという。

　明治以後は鹿児島県の一部となるも、明治前期までは同じような厳しい時代が続いた。昭和に入り、太平洋戦争が勃発《ぼっぱつ》。奄美はアメリカ軍の上陸こそ免《まぬか》れたものの、奄美大島の中心部である名瀬《なぜ》は、大《だい》空襲《くうしゅう》に見舞《みま》われ、市街地の90%が焼失するという被害《ひがい》を受けた。

　敗戦によって奄美は日本から行政分離《ぶんり》され、アメリカ軍による統治をうける（アメリカ世《ユ》）。日本本土との往来が禁止されたため、島外から物資が入ってこず、アメリカ軍からの配給頼《はいきゅうだの》みだった。奄美は戦前から、食糧《しょくりょう》や日用品を島内だけでは十分に確保できず、本土からの輸送に頼っていた事情もあり、物資は極端《きょくたん》に不足していた。空腹に苦しむ島民は、島内に群生するソテツの芯《しん》や実、海産物、山ユリの球根などで飢《う》えをしのいだという。

　1950（昭和25）年1月には、配給食糧の3倍値上げが強行され、餓死者まで出るほどの打撃《だげき》を受けた。この措置《そち》は、アメリカ軍の基地建設費用を確保するためのものでもあったともいわれている。

　このような状況から、島民の間で日本復帰を願う運動が高まり、盛り上がっていった。51（昭和26）年に行われた復帰請願《せいがん》署名《しょめい》運動では、14歳《さい》以上の島民のじつに99・8%が署名したという。署名録は、日本政府に提出された。

　全島を挙げた大規模な復帰運動が実を結び、53（昭和28）年、奄美群島は日本に返還《へんかん》された。

奄美の歴史・略年表

1466年	●琉球王国が奄美群島全域を支配下に置く
1609年3月	●薩摩藩の軍勢が奄美・琉球に侵攻。1か月足らずで首里城（琉球王国の王城）を制圧。以後、奄美は薩摩藩の支配下に置かれる
1871年7月	●廃藩置県により薩摩藩が鹿児島県となり、奄美も含まれることに
1945年4月	●名瀬大空襲で市街地の90%が焼失する甚大な被害を受ける
1946年2月2日	●日本本土からの行政分離が連合軍総司令部から発表され、アメリカ軍の統治下に置かれる
1953年12月25日	●奄美群島が日本に返還される

【参考文献】『奄美の歴史入門』（麓純雄 著）南方新社

奄美 ⇄ 東京

奄美から東京への道程《どうてい》

**「布陣」の章に描かれた当時、
奄美の創価学会員は
船と列車を乗り継《つ》いで
1週間かけて東京の本部幹部会に
参加していた。
当時の時刻表を手がかりに、
奄美大島から東京への
往復の経路を再現してみよう。**

往路

　鹿児島郵船の船で、名瀬から鹿児島へ向かう。鹿児島―奄美大島航路は月に18本。奄美大島の名瀬を16時ごろに出て、鹿児島につくのは、翌日の朝7時。鹿児島行き以外に、沖縄―神戸を結ぶ船（関西汽船《かんさいきせん》）が奄美大島を経由しているが、こちらは月に6本しか運航していなかった。

　鹿児島駅を12時過ぎに出発する国鉄の急行・高千穂《たかちほ》が、東京への直通列車の一つ。ほかに熊本や博多を経由する急行・霧島《きりしま》で、東京に向かうルートもある。九州を離《はな》れ、下関を通過するのが22時半過ぎ。日付が変わるころに列車が走っているのはまだ山口県だ。朝8時半ごろになってようやく大阪に到着。約29時間の列車旅を終えて、東京に到着するのが3日目の17時前のことだ。

当時　約49時間

現在　約2時間

奄美 ⇄ 東京

★ちなみに現在では、奄美―東京間は、奄美大島空港から羽田空港へ2時間ほどで到着できる便もある。

午前中の会合に出席したとして、14時半過ぎに出発する急行・高千穂に乗る。鹿児島駅に到着するのは、翌日19時半過ぎ。奄美大島への船は翌日17時の出発なので、鹿児島で1泊《ぱく》する。出発から7日目の朝、8時半に名瀬へ到着。船中で2泊《はく》、急行の寝《しん》台《だい》車《しゃ》で2泊しての旅はこうして終わる。

復路の場合、ダイヤが合えば神戸から関西汽船の船で名瀬に戻《もど》ることもできたようだ。その場合、船中で2泊して同じく7日目の到着になる。

復路

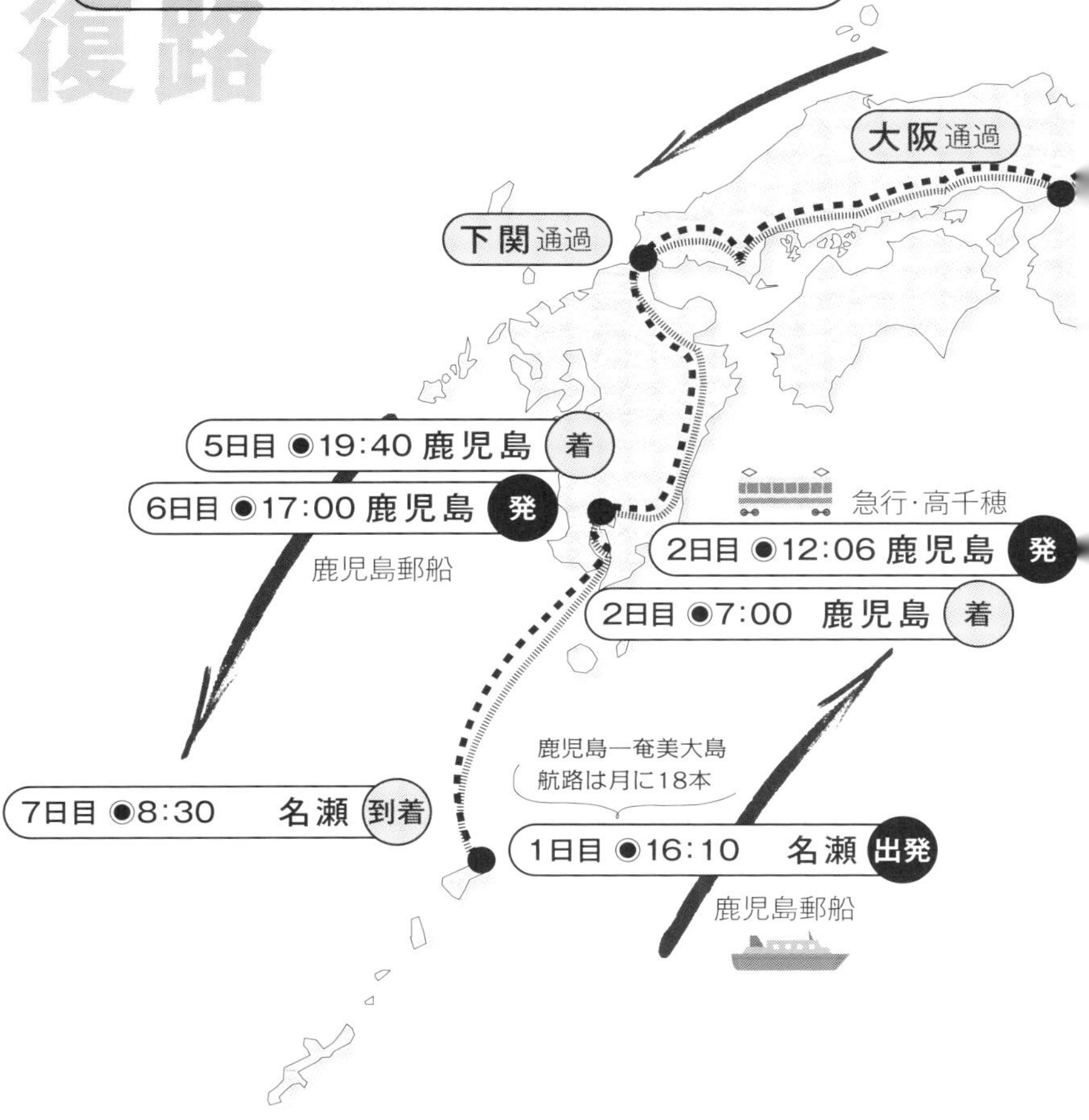

【参考文献】『時刻表』昭和38年7月号 日本交通公社

奄美名産「黒糖焼酎」誕生秘話

黒糖焼酎《しょうちゅう》は、奄美群島でだけ生産を許されている焼酎だ。サトウキビの甘《あま》い香《かお》りと深いコク、それでいてすっきりとした飲み口が人気を呼んでいるが、黒糖焼酎誕生の背景には、奄美が辿《たど》ってきた歴史が刻まれている。

黒糖焼酎の原料であるサトウキビ（甘蔗《かんしゃ》）が奄美に伝わったのは、江戸《えど》時代の初めごろ。奄美を治めていた薩摩藩により、サトウキビの強制栽培《さいばい》や買い上げ政策が進められ、その苛烈《かれつ》な支配は「砂糖地獄《じごく》」と呼ばれる暗黒時代として記憶《きおく》されている。江戸時代に黒糖焼酎の原形となるものがつくられていたともいわれているが、当時の黒糖は高級品のため、島民は主に泡《あわ》盛《もり》や他の原料の焼酎をつくっていたという。

太平洋戦争後の1946（昭和21）年2月、奄美群島は沖縄と同じく米軍の統治下に置かれた。この年、酒税を納める代わりに酒づくりを自分たちで行うことが認められる（自家用酒製造は50年3月まで続いた）。戦後、奄美を襲《おそ》った食糧難のため、島民は食べていくのもやっとで、とても市販《しはん》のお酒を買う余裕《よゆう》もない状況《じょうきょう》だったからだ。

その一方で、主食である米は戦時中から米不足が続いていた。そうした米を酒づくりに使うことは、食糧確保の点から取り締まられ、米を原料とする、泡盛などの酒の製造が難しくなる。だが、奄美には、日本本土との行き来や貿易が禁止されたため売り先がなくなっていた黒糖が残っていたことで、島民は黒糖を原料とする黒糖酒の製造を始める。現在につながる黒糖焼酎が誕生した瞬間《しゅんかん》だ。当時の集落単位で原料を持ち寄ってつくった村の酒造所が、後の焼酎メーカーになったところもある。ほかに有力な産業もなく、当時の奄美群島の財政の約4分の1を酒税が占める（1948年度予算）ほどになった。

53（昭和28）年12月、奄美群島は、沖縄に先立って日本へ復帰を果たす。そこで問題になったのが、日本の酒税法だった。当時の日本法では、黒糖は焼酎の原料と認められておらず、焼酎でない雑酒扱いだと税金が倍以上になる。黒糖酒を焼酎として扱《あつか》うように求めた島民の声を受け、日本政府は政令を定めた。生産地を奄美群島に限ること、黒糖のほか麹《こうじ》を原料に使うこと（サトウキビが原料の蒸留酒であるラム酒と区別するため）を条件に、国産の黒糖を焼酎の原料に加えることが認められたのだ。黒糖焼酎は、戦後の8年間、奄美が辿った独自の歴史の証言者なのだ。

【参考文献】「軍政下奄美の酒」（吉田元）日本醸造協会誌 第101巻 第11号、12号

Column

奉仕して、導く
「サーバント・リーダーシップ」

「布陣」の章で山本伸一が説くリーダーの姿勢を、「サーバント・リーダーシップ」の理念を踏《ふ》まえて掘《ほ》り下げ、21世紀にふさわしい指導者像を探ってみよう。

民衆に尽くすリーダー像

「布陣」の章には、リーダーのあるべき姿について、指針となる言葉がいくつもちりばめられている。たとえば、山本伸一は、奄美のリーダー会の席上でこう語る。

「幹部というのは、広宣流布《こうせんるふ》の責任をもつ人の異名《いみょう》です。ゆえに、自分が組織の中心者として、どれだけ広布を進めたのかを、常に考えていなくてはなりません」

また、自らが汗《あせ》をかこうとしない副理事長を、伸一が次のように叱咤《しった》する場面もある。

「牧口《まきぐち》先生は高齢《こうれい》になってからも、たった一人でも会員がいれば、日本中、どこまでも足を運ばれた。そして、そこで折伏《しゃくぶく》を行じられた。これが、学会の幹部の精神であり、幹部の行動であらねばならない」

ここに説かれるリーダー観は、近年の実業界でいわれる「サーバント・リーダーシップ」の理念と相通ずる。〝皆《みな》に檄《げき》を飛ばし、人を動かすリーダー〟ではなく、いちばん大変な現場に自ら飛び込んで、皆を支え、奉仕していくリーダー像だ。

「サーバント・リーダーシップ」とは、アメリカの通信会社「AT&T」の役員を務めたロバート・K・グリーンリーフ（1

904〜90）が、1977（昭和52）年に提唱した理念である。「リーダーである人は、『まず相手に奉仕し、その後相手を導くものである』」（※1）との考え方を打ち出したもので、日本語では「奉仕型（支援《しえん》型《がた》）リーダーシップ」などと訳される。

池田SGI会長も、この概念《がいねん》に言及《げんきゅう》したことがある。

「アメリカの実業界で、『サーバント・リーダーシップ』と呼ばれる指標が提唱されていることは有名だ。『サーバント』とは『召使《めしつか》い』の意義である。つまり、『指導すること』の核心は『奉仕すること』にある、というリーダー論なのである」（※2）

また、池田会長はスピーチの中でも、ことあるごとに「民衆に奉仕するリーダーの姿勢」について語っている。

「日蓮大聖人《にちれんだいしょうにん》は、権力者に対して、『（あなたは）万民の手足である』（御書《ごしょ》一七一ページ、通解）と述べておられる。

民衆が主人である。指導者は、『民衆を守り』『民衆に尽くす』ためにいるのだ」（※3）

「これまでの人間の歴史は、『民衆に奉仕させる、リーダーシップ』だけが横行《おうこう》していた。ここに、今の日本の根本的な狂いもある。

そうではなく、『民衆に奉仕する』行動こそ、二十一世紀の指導者の柱であらねばならない」（※4）

自発的な歩みを支える

「奉仕させるリーダーシップ」は、いわば従来型の古いリーダー像といえよう。それは、会社の部下など組織に属する「メンバー」の上に立ち、地位や権威《けんい》の力で人を動かすありようである。

だが、池田会長のリーダーシップは全く逆だ。会長は全世界のメンバーに最大限の敬意をもって接し、「民衆に奉仕する」姿勢を貫《つらぬ》いてきた。

その象徴的なエピソードの一つとして、61（昭和36）年、大阪湾岸を中心に大きな被害《ひがい》をもたらした「第二室戸台風」に際し、池田会長が被災地入りし、会員一人ひとりを激励《げきれい》して回ったことを挙げておこう。

このときは折しも、池田会長が無実の罪で不当に逮捕《たいほ》・勾留《こうりゅう》された「大阪事件」後の法廷闘《ほうていとう》争《そう》の最終盤《さいしゅうばん》であった。9月20日から22日まで、3日連続で出廷することになっていたが、そのなかで22日の午前中、裁判の準備よりも激励を優先し、いちばん苦しんでいる人のもとへと、大阪市の西淀川《にしよどがわ》区や此花《このはな》区などの被災地に駆《か》けつけたのだ。

被害に遭《あ》った同志を訪ね、一人ひとりと固く握手《あくしゅ》。ヘドロの悪臭《あくしゅう》が鼻をつこうが、服が汚《よご》れようが、構わなかった。立ち上がる勇気と生き抜く力を湧き立たせようと、励まし続ける池田会長の姿にふれた人たちは、「私たちには、泥《どろ》を掻《か》き分《わ》けて会いに来てくれる人がいる」と奮起。「会長がこんなところに来るわけがない」と思っていたある壮年は、「他人のためにここまで行動する人がいるのか。俺《おれ》はこの人に生涯《しょうがい》ついていく」と決意した。

このエピソードには、サーバント・リーダーシップの5つの要素（①相手を尊重する ②導く ③奉仕する ④可能性を引き出す ⑤成長をうながす）が、すべて内包されているといってよい。

グリーンリーフが言うように、サーバント・リーダーシップとは「奉仕する」だけでなく「相手を導く」ものである。メンバーを使命に目覚めさせ、目標に向けての歩みを後押《あとお》しし、支える。命令してやらせるのではなく、ソフトパワー（自らの魅力《みりょく》によって共感や支持を得る力）によって自発的行動をうながしていく――それが、サーバント・リーダーシップのリーダー像なのだ。

池田会長は、つねにそのようなリーダーであり続けてきた。それは、全国・全世界で活動するリーダー一人ひとりが範《はん》とすべき姿であろう。

【出典】※1『サーバント・リーダーシップ入門』（池田守男、金井壽宏 著）かんき出版
※2『栄光への指針』（池田大作 著）聖教新聞社　※3『池田大作全集』第98巻 スピーチ　※4『池田大作全集』第89巻 スピーチ
【参考文献】『サーバント・リーダーシップ実践講座』（真田茂人 著）中央経済社／「聖教新聞」2008年10月8日付／
『民衆こそ王者　池田大作とその時代』Ⅱ、Ⅴ（「池田大作とその時代」編纂委員会）潮出版社

宝剣の章

「個人指導」の要諦《ようてい》とは？

「宝剣《ほうけん》」の章には、創価学会における個人指導のあるべき姿について記されている。ここでは、小説『新・人間革命』各巻などから、個人指導の要諦《ようてい》を抽出《ちゅうしゅつ》してみよう。

個人指導こそ活動の「主戦場」

「宝剣」の章で、山本伸一《やまもとしんいち》は「会合や行事の運営などが中心となり、個人指導がなおざりになっていく」ことを危惧《きぐ》し、次のように語る。

「会合も大切であることはいうまでもないが、会合に出席する人というのは限られている。たとえば、座談会を見ても、参加者に倍するほどのメンバーが、それぞれの組織にはいるはずである。そこに、満遍《まんべん》なく激励《げきれい》の手を差《さ》し伸《の》べてこそ、盤石《ばんじゃく》な学会がつくられ、

個人指導を実践する女子部

それが拡大にもつながり、広宣流布《こうせんるふ》の広がりも生まれる。いわば、個人指導なき活動は、画竜点睛《がりょうてんせい》を欠いているといってよい」

「会合に集《つど》って来る人だけを相手に、活動を進めることは楽ではあるが、そこには本当の広宣流布の広がりはない。それでは、海の彼方《かなた》の岸辺をめざしながら、入《い》り江《え》のなかを巡《めぐ》って満足しているに等しいといえよう。学会活動の主戦場となる舞台《ぶたい》は、会合の先にこそあることを、幹部は深く認識しなければならない」

活動の「主戦場」は個人指導にこそある、という認識を別の形で表現したといえるのが、第26巻「勇将《ゆうしょう》」の章の、山本伸一の次のような言葉だ。

「今、幹部の皆《みな》さんの、会合での指導と、個人指導の比率は、八対二ぐらいではないかと思う。しかし、二対八を目標にしていけば、もっと人材が育ちます。学会も強くなっていきます。また、何よりも、幹部の皆さんが大きく成長していくことができます」

「リーダーが会合中心の考え方に陥《おちい》ってしまうと、会合の参加対象者だけを見て物事を考え、活動を推進していくようになってしまう。すると、その組織は、全同志の、また、万人の幸せを実現しようとする学会の在《あ》り方から、次第に離《はな》れ、結果的に組織そのものを弱体化させてしまうことになりかねない」

　個人指導がなぜ大切なのか？　そのことを、山本伸一が比喩《ひゆ》を用いて巧《たく》みに説明する場面も多い。たとえば――。

「人体は一つ一つの細胞《さいぼう》から成り立っている。その細胞が生き生きとしていてこそ、人体の健康が維持《いじ》される。同じように、学会を支えているのは、一人ひとりの会員であり、その会員が歓《かん》喜《き》し、はつらつとしていてこそ、社会を蘇《よみがえ》らせるダイナミックな運動を展開していくことができる。

　したがって、一人ひとりに光を当てる個人指導が、最も重要な活動になる」

（第6巻「遠路」の章）

「家庭指導、個人指導は、最も地道で目立たない活動ですが、信心の『根』を育てる作業といえます。根が深く地中に伸びてこそ、天に向かって幹は伸び、葉も茂《しげ》る。同様に、一人ひとりの悩《なや》みに同苦し、疑問には的確に答え、希望と確信をもって、喜んで信心に励《はげ》めるようにしていくことが、いっさいの源泉になります」（第2巻「勇舞」の章）

「活動の打ち出しや、会合での全体的な指導を、太陽の光とするならば、一本一本の草木に適した手入れをすることが、家庭指導、個人指導といえます」

（第4巻「凱旋」の章）

また、第12巻「新緑」の章には、次のような一節もある。

「組織といっても、あるいは運動といっても、それを支えているのは、一人ひとりの人間である。その人間が一念を転換《てんかん》し、使命に目覚《めざ》め立ち、最大の力を発揮していくならば、すべてを変えることができる。ゆえに、個人指導という、目立たぬ、地道な活動こそが、広宣流布の生命線を握《にぎ》る、最も重要な作業となるのである」

個人指導は「御書根本《ごしょこんぽん》」が大前提

池田SGI会長は、随筆《ずいひつ》でも、個人

指導について言及《げんきゅう》している。
創価学会第二代会長・戸田城聖《とだじょうせい》の一《いっ》般《ぱん》会員に対する個人指導の様子が綴《つづ》られた随筆がある。その中で印象的なのは、戸田がつねに御書（『日蓮大聖人御書全集』）の一節を引いて指導する姿である。
「幼子を背負い、子どもの手を引いて、貧しい婦人が来られた時、先生は、御書を開きながら語られた。
『これは自分の言葉ではない。あなたが信仰《しんこう》している、大聖人《だいしょうにん》の御言葉ですよ』と、丁寧《ていねい》に前置きして、指導をされていた」※1
「兄弟の仲が悪い人に、戸田先生は、池上《いけがみ》兄弟への御手紙を通解されて、教えられた」※2
「組織の問題で悩む幹部には、先生は、〝異体同心〟の基本の御書を示された」※3
いかなる指導も、すべては御書を根本にしていたのである。
さらに、池田会長は、戸田の卓越《たくえつ》した個人指導力の源について、次のように述べている。
「この指導力は、我流ではつかない。どこまでも『御書根本』である。そして広宣流布の組織のなかで行学に励み、錬磨《れんま》していく以外にない」※4
御書を根本にしてこそ、我流にならない個人指導となるのだ。

学会史に残る闘《たたか》いの大勝利も、池田会長の個人指導に支えられていた。

たとえば、１９５６（昭和31）年の「大阪の戦い」を、新聞が「〝まさか〟が実現」と書いたほどの驚《おどろ》くべき勝利に導いた原動力も、責任者であった若き日の池田会長の徹底《てってい》した個人指導にあった。会長はそのことを、随筆で述懐《じゅっかい》している。

「手っ取り早い近道などありえない。遠回りに見えようが、地道な一対一の『対話』しかない。一回一回に魂《たましい》を注いだ『個人指導』しかなかった」※5

また、79（昭和54）年4月、宗門《しゅうもん》の横暴によって会長辞任に至った直後から、池田会長は学会の功労者宅《こうろうしゃたく》を一軒《けん》一軒訪問した。反転攻勢は個人指導から始まったのだ。当時を振《ふ》り返った随筆には、次のような一節がある。

「私は、最も基本である家庭訪問に走った。最も根本である個人指導に奔走《ほんそう》した。いわゆる目に見えぬ土台の部分から、創価学会が使命とする『広宣流布』の重要な組織を、再び命の限り築き上げていったのである」※6

現在の創価学会の隆盛《りゅうせい》も、心血を注いだ個人指導によって築かれてきたのである。

【出典】※1、2、3『池田大作全集』第131巻 随筆「新・人間革命」 ※4『池田大作全集』第134巻 随筆「新・人間革命」
※5『池田大作全集』第135巻 随筆「人間世紀の光」 ※6『池田大作全集』第136巻 随筆「人間世紀の光」

会長講義によって培《つちか》われた、学生部の教学研鑽《けんさん》の伝統

「宝剣」の章では、創価学会学生部を対象とした「百六箇抄《ひゃくろっかしょう》」講義の模様が描《えが》かれる。学生部の草創期から、御書講義を軸《じく》として教学研鑽の流れが開かれていった様子を概観《がいかん》する。

師弟の絆《きずな》を刻んだ「御義口伝《おんぎくでん》」講義

現在、創価学会では8月31日は「学生部の日」となっている。その淵源《えんげん》は、1962（昭和37）年のこの日、男女学生部の代表を対象とした池田SGI会長の「御義口伝」講義が開始されたことにある。

当時、会長就任3年目で、自らも青年であった池田会長は、若き俊英《しゅんえい》たちを育成すべく、激務のなかで時間をこじ開けるように講義を開始したのだ。

その模様は、『新・人間革命』第6巻「若

京都分室で、京大生に「百六箇抄」講義を行う山本伸一

鷲」の章に描かれている。

池田会長はのちに、次のように語っている。

「学会の将来を見据《みす》えて、真実の師弟の精神を受け継《つ》ぐ、本格的な弟子の薫《くん》陶《とう》を始めたのが、この『御義口伝』講義であった」※1

「御義口伝」は、日蓮大聖人《にちれんだいしょうにん》の法華経《ほけきょう》講義を弟子の日興上人《にっこうしょうにん》が筆録した相伝書である。つまり、それ自体が〝師弟の書〟ともいえる。

戸田城聖（創価学会第二代会長）が若き日の池田会長に、一般《いっぱん》教養から日蓮仏法の真髄《しんずい》に至るまでを個人教授した、いわゆる「戸田大学」でも、教学に関する講義は「御義口伝」から始められた。

また、戸田は会長就任3年目にあたる1953（昭和28）年から55（昭和30）年にかけて、東大法華経研究会のメンバーを対象に、「御義口伝」を基にした法華経講義を行った。

そのように、幾重《いくえ》にも「師弟の絆」が刻み込《こ》まれた重要な御書を、池田会長は、学生部に対する本格的な薫陶の開始にあたって教材として選んだのだ。

「御義口伝」講義は、67（昭和42）年4月までの約5年にわたって、月1回を原則に開催《かいさい》された。合計三十数回に及《およ》んだこの講義の参加者からは、のちの創価学会会長など、多くの人材が育っていった。

学生部に教学錬磨《れんま》の伝統を打ち立てる

「御義口伝」講義が始まった翌63（昭和38）年の9月から、池田会長は京大生を中心とした関西の学生部員を対象に、「百六箇抄」講義を開始した。その模様は、「宝剣」の章につぶさに描かれている。

「研鑽御書《けんさんごしょ》を『百六箇抄』としたのは、この御書が、日蓮大聖人の最要深秘《さいようじんぴ》の法門である種脱相対《しゅだつそうたい》を明らかにされた重書中の重書《じゅうしょ》であったからである」

「百六箇抄」は、かつて戸田が数十名の教学部教授に重要御書の研究担当を命じた際、若き日の池田会長が担当した御書でもあった。池田会長はのちに、当時を振《ふ》り返《かえ》って次のように述べている。

「そのとき、戸田先生から幾度《いくど》となく、この御抄の読み方に対し、厳しいばかりの指導をいただきました。今でも、その当時のことが忘れられません。当時使用していた私の御書の『百六箇抄』の部分には、それらの多くの書き込みがあり、懐かしいものです」※2

ここでもまた、戸田との師弟の絆が刻まれた御書が、教材に選ばれていたのだ。

「百六箇抄」講義は2年間に及んだ。並行して、64（昭和39）年11月からは京大生と関西以西の学生に対する「御義口伝」講義が始まり、同年12月からは中部学生部の代表に対する「諸法実《しょほうじつ》相抄《そうしょう》」講義も開始された。

池田会長はこの時期、激務の合間を縫《ぬ》って、全国の学生部員たちに自ら御書を講義していたのである。まさに手作りの人材育成であり、そのことによって、学生部には教学錬磨の伝統が打ち立てられた。現在の大学別御書講義にも、その伝統が息づいている。

【出典】※1「大白蓮華」2009年11月号　※2『大白蓮華』1977年11月臨時増刊号
【参考文献】「大白蓮華」2009年12月号、「創価新報」2006年5月3日付、2009年9月2日付

古今の偉人たちの宗教観

「宝剣」の章で、
山本伸一はアインシュタインや
トルストイを例に挙げ、
「宗教は科学に反する」といった
宗教軽視の風潮を正す。
文学者や思想家など、
古今の偉人《いじん》たちは、宗教を
どのようにとらえていたのだろうか。

宗教のない社会は羅針儀《らしんぎ》のない船のようなものです。そのような船は航路を確かめることもできませんし、港に入港することも望めません。宗教のない社会は、絶えず激しい情熱のあらしにふりまわされ、ゆり動かされずにいないのです（※1）

ナポレオン・ボナパルト
フランス／軍人・政治家・第一帝政の皇帝

人生の目的は宗教観念がなければ、解決が出来ぬ（※2）

新渡戸稲造
日本／農学者、教育者

安らかで強くありたいと思うならば――自分の信仰を強めることである（※3）

レフ・トルストイ
ロシア／文学者・思想家

真の、正しい信仰《しんこう》は、人を眠《ねむ》らせるものではなくて、**目を覚《さ》まさせ、駆《か》り立てる**ものです（※4）

トマーシュ・マサリク
チェコスロバキア（当時）／初代大統領

あらゆる革命の根底には
宗教または哲学《てつがく》がある（※5）

ジュゼッペ・マッツィーニ
イタリア／革命家

未来の宗教というものは、
人類の生存をいま深刻に脅《おびや》かしている諸悪と対決し、
これらを克服《こくふく》する力を、人類に与《あた》える
ものでなければならない（※6）

アーノルド・トインビー
イギリス／歴史学者

嵐《あらし》の海でわれわれを導き、山を動かし、
大洋を跳《と》び越《こ》えるのは信仰である（※7）

マハトマ・ガンジー
インド／政治指導者・弁護士

人は**信仰と潑剌《はつらつ》とした勇気**によって
どんなに困難なことにでも打ち勝てる（※8）

ヨハン・ボルフガング・フォン・ゲーテ
ドイツ／文学者・政治家

民主主義の
真髄《しんずい》には、結局のところ
宗教的要素がある（※9）

ウォルト・ホイットマン
アメリカ／詩人

信仰は、**信仰のない人を勇気づけるため**でなければ、
何のためにあるのでしょうか（※10）

ホセ・マルティ
キューバ／文学者・革命家

【出典】※1『世界の知恵』（国松孝二、杉浦博 編・鈴木武樹、渡辺健 訳）白水社　※2『世渡りの道』（新渡戸稲造 著）文藝春秋　※3『トルストイ ことばの日めくり』（小沼文彦 訳）女子パウロ会　※4『マサリクとの対話』（石川達夫 訳）成文社　※5『人間義務論　他二篇』（マッツィーニ 著、大類伸 訳）岩波文庫　※6『池田大作全集』第3巻 対談「二十一世紀への対話」　※7『抵抗するな・屈服するな』（K・クリパラーニー 編、古賀勝郎 訳）朝日新聞社　※8『ゲーテとの対話』〈中〉（エッカーマン 著、山下肇 訳）岩波文庫　※9『民主主義の展望』（ウォールト・ホイットマン 著、佐渡谷重信 訳）講談社学術文庫　※10『ホセ・マルティ選集』第2巻（青木康征、柳沼孝一郎 訳）日本経済評論社

小説『新・人間革命』に学ぶ
時間の使い方

「宝剣」の章で山本伸一は、女子部は10時には帰宅するように指導し、時間のけじめの中で価値創造していく大切さが語られる。「瞬間《しゅんかん》、瞬間、時間をどう使い、何をしているかに、その人の生き方や真剣《しんけん》さが表れるものだ」(第16巻「入魂」の章)。『新・人間革命』の随所《ずいしょ》で言及される、「時」に関する名言を集めた。

時間の使い方に、その人自身が表れる

「戸田先生は朝の出勤には、それはそれは厳しかった。いつも時間ぎりぎりで来たり、遅刻《ちこく》するような者は、絶対に信用されなかった。それは、そこに、だらしなさや甘《あま》え、いい加減さ、あるいは、要領よく立ち回ろうという人間の本性が出てしまうものだからだよ」

——第18巻「師子吼」の章

集中すれば時間は生まれる

「一瞬一瞬、自分を完全燃焼させ、効率的にやるべきことを成《な》し遂《と》げていくことです。人間は一日のうちで、ボーッとしていたり、身の入《はい》らぬ仕事をしている時間が、結構多いものなんです。そうではなく、『臨終只今《りんじゅうただいま》』の思いで、素早く、全力投球で事にあたっていくんです」

——第17巻「緑野」の章

短時間で、内容を充実《じゅうじつ》させる

「会合を早く切り上げるということは、その分、内容を充実させなければいけないということだ。一瞬一瞬を、これまで以上に、真剣勝負で臨むということだ。それが、価値を創造していく原動力になる」

——第22巻「波濤」の章

一瞬に賭《か》ける真剣勝負

「人の心を変えるには、必ずしも、長い時間が必要とは限らない。人の心が変化するのは〝瞬間〟である。一瞬に一念を凝縮《ぎょうしゅく》し、真剣勝負で挑《いど》む時、触発《しょくはつ》と共感の電撃《でんげき》が発し、人の心を変えていくのだ。懸命《けんめい》こそが力である」

——第17巻「民衆城」の章

わずかな時間を活用し、自ら足を運ぶ

「どこに何があり、誰《だれ》がいるか——指導者というのは、それを、すべて知ったうえで、指揮を執《と》っていくんです。そのためには、ほんのわずかな時間も活用して、自ら足を運んで、回ってみることです。それは、一切の戦いに言えます。その努力を怠《おこた》り、人の話を聞いて事足《ことた》れりとするところから、惰性《だせい》、官僚《かんりょう》主義が始まる」

——第22巻「命宝」の章

わずかな時間も無駄にしない

（トラブルで飛行機の遅延《ちえん》が続くなか）
「さあ、せっかく時間ができたんだから、少しでも勉強しよう」
彼《かれ》は、こう言うと、再び御書《ごしょ》を開いた。そして、一時間ほど御書を研鑽《けんさん》すると、今度は、絵葉書を取り出し、日本の同志にあてて、次々と激励《げきれい》の一文を書き始めた。待合室は、まさに書斎《しょさい》となり、執務室《しつむしつ》となった。

——第5巻「開道」の章

知恵《ちえ》を絞《しぼ》って、時間を作り出す

知恵を絞って時間を捻出《ねんしゅつ》し、徹《てっ》底《てい》して学んできました。電車のなかも、勉強部屋でした。

——第13巻「楽土」の章

会合一つにも入念な下準備

計画を練りに練り、万全な準備をして臨んだ。会合一つとっても、焦点《しょうてん》の定まらぬ、歓喜《かんき》の爆《ばく》発《はつ》がない会合など、絶対に開かなかった。それでは、忙《いそが》しいなか、集《つど》って来てくださった方々に、失礼であり、貴重な時間を奪《うば》うことにもなると考えたからだ。ゆえに、自分が話す内容について熟慮《じゅくりょ》を重ねることはもとより、式次第《しきしだい》や他の登壇者《とうだんしゃ》の原《げん》稿《こう》、会場の設営や照明にいたるまで、詳細《しょうさい》にチェックし、打ち合わせも綿密に行い、常に最高のものをめざしてきた。妥協《だきょう》は、敗因《はいいん》の温床《おんしょう》であるからだ。

——第23巻「勇気」の章

清流の章
歴史に見る「言論による権力との闘《たたか》い」

「清流《せいりゅう》」の章で、『コモン・センス』の逸話《いつわ》を通して語られる「言論の勝利」。同様に言論の力で権力と闘った偉人《いじん》たちのエピソードを、歴史の中から探してみよう。

独裁者とペンで闘った文豪《ぶんごう》ユゴー

「清流」の章では、トマス・ペインの『コモン・センス』をめぐるエピソードが紹介《しょうかい》される。1776年1月にアメリカで刊行された、わずか47ページの小冊子が、たった3か月で12万部も売れ、アメリカ独立への機運を高めていったという話である。

独立宣言が採択《さいたく》されたのは、同じ年の7月4日。一冊の本が民衆の心を鼓《こ》

Victor Hugo

ビクトル・ユゴー

舞《ぶ》し、時代の潮目《しおめ》を変える力となったのだ。

同様に「言論の力」が権力に打ち勝った例として、19世紀フランスの文豪ビクトル・ユゴーがルイ・ナポレオンに対して繰《く》り広げた言論闘争が挙げられるだろう。

ルイ・ナポレオンはフランス皇帝《こうてい》ナポレオン・ボナパルトの甥《おい》だが、大統領になったあと、再選を禁じた憲法の条文を変えようとするなど、権力への志向をあらわにしていった。そして、ついには議会に対してクーデターを起こし、独裁者となった。

当時、政治家となっていたユゴーは、

抵抗《ていこう》運動を組織してルイ・ナポレオンの暴政に闘いを挑《いど》んだ。だが、運動は鎮圧《ちんあつ》され、１８５２年12月、ルイ・ナポレオンは皇帝に即位《そくい》し、「ナポレオン３世」を名乗った（「第二帝政」の始まり）。

ユゴーは前年51年の12月から亡命を余儀《よぎ》なくされたが、亡命先（ジャージー島など）でナポレオン３世を攻撃《こうげき》する作品を執筆《しっぴつ》していった。『小ナポレオン』と『懲罰《ちょうばつ》詩集』――ユゴーが放った〝言論の砲弾《ほうだん》〟である。国外で刊行されたそれらの作品は、ひそかにフランスに持ち込《こ》まれ、圧政に憤《いきどお》る国民たちに熱狂的《ねっきょうてき》に愛読《あいどく》された。

ユゴーの亡命中、ナポレオン３世は２度にわたって亡命者に対する特赦令《とくしゃれい》を出したが、ユゴーは２度ともこの〝アメ〟を拒絶《きょぜつ》した。『懲罰詩集』に収められた詩の一つ「最後のことば」は最初の特赦令の際に作られたもので、そこには、最後の一人になっても亡命地に踏《ふ》みとどまろうとする決意が謳《うた》われている。

70年９月、プロイセンとの普仏戦争《ふふつせんそう》の渦中《かちゅう》に、ナポレオン３世は捕虜《ほりょ》となり失脚《しっきゃく》。第二帝政が終わり、ユゴーはついにフランスへの帰国を決めた。彼《かれ》の亡命生活は、じつに19年間に及《およ》んだ。

パリへと帰還《きかん》したユゴーは、民衆に

熱狂的《ねっきょうてき》に迎《むか》えられた。最後まで独裁者ナポレオン3世と妥協《だきょう》せず、言論で闘い抜《ぬ》いたユゴーは、英雄として遇《ぐう》されたのである。

軍部政府を批判した気骨のジャーナリスト

長野県の地方紙「信濃毎日新聞《しなのまいにちしんぶん》」の主筆であった桐生悠々《きりゅうゆうゆう》は、1933(昭和8)年に関東一帯で行われた防空演習を批判する社説「関東防空大演習を嗤《わら》う」を書いた。それは、〝敵機が関東の空に舞《ま》うということは日本軍の敗北にほかならないのだから、防空演習など意味がない〟という主旨《しゅし》で、「かえって市民の狼狽《ろうばい》を増大するがごときは、滑稽《こっけい》でなくて何であろう」[※1]と、時の軍部政府を筆鋒《ひっぽう》鋭《するど》く批判した。

この社説が軍部の怒《いか》りを買い、悠々は退社を余儀《よぎ》なくされる。以後は月刊個人誌『他山の石』を発刊し、そこでも果敢《かかん》に軍部批判を繰り返していった。日本が戦争へと向かうなか、『他山の石』は何度も発禁処分を受けた。だが、太平洋戦争開戦の3か月前にがんで世を去るまで、彼はけっして筆を曲げず、「言わねばならないことを言う」正義のペンを貫《つらぬ》き通したのだ。

そして、太平洋戦争末期、日本本土に繰り返された米軍の空襲《くうしゅう》によって、悠々が「関東防空大演習を嗤う」で危《き》惧《ぐ》したとおりの惨状《さんじょう》が現出したのである。

いま、桐生悠々は気骨のジャーナリスト、「抵抗の新聞人」の鑑《かがみ》として、広く尊敬を集めている。

非暴力を貫いたガンジーの言論戦

インド独立の父、マハトマ・ガンジーの言論戦についても記《しる》しておきたい。ガンジーは「インディアン・オピニオン」「ヤング・インディア」などの新聞を発行し、「非暴力による抵抗」という自身の信念を訴《うった》え、獄《ごく》につながれても新聞の発行を続けた。ガンジーは、書き続けた右手が疲《つか》れると、今度は左手にペンを持ち替《か》え、また書き始めたという。

インドの民衆はガンジーの新聞をむさぼるように読み、「何世紀にもわたってまどろみつづけてきた国民が、彼らの人間的尊厳を新たに自覚して歓《よろこ》びのうちに目覚め、心に勇気と犠牲《ぎせい》の精神をたぎらせた」[※2]という。その民衆の連帯が社会変革の大きなうねりとなって、インド独立の道を切り開いた。ガンジーは、「非暴力の運動は、新聞なくして実現不可能であった」[※3]と述懐《じゅっかい》している。

Mahatma Gandhi

マハトマ・ガンジー

ガンジーから送られた新聞を読んだロシアの文豪トルストイも、ガンジーにあてた手紙で、非暴力の行動を知った喜びを記している。ガンジーの言論戦が、世界中に波動を広げ、そして世界を変えていったのだ。

アメリカの哲人《てつじん》エマソンは、雄弁《ゆうべん》とは「人間を驚嘆《きょうたん》させ、人を改革する本当の方法である」[※4]と語った。

取り上げた事例はまさに、信念の言論が社会と人びとの心を揺《ゆ》り動かしていくことの証左といえる。

【出典】※1『ジャーナリズムの思想』(鶴見俊輔 編)筑摩書房　※2『ガンディーの生涯』下巻(K・クリパラーニ 著、森本達雄 訳)レグルス文庫　※3『池田大作全集』第137巻 随筆「人間世紀の光」
※4『エマソン選集5 美について』(R・W・エマソン 著、斎藤光 訳)日本教文社
【参考文献】『ヴィクトル＝ユゴー』(辻昶・丸岡高弘 著)清水書院／『池田大作全集』第119巻 随筆「私の人間学」
写真提供＝アフロ

Column

小説『新・人間革命』に学ぶ
「言論戦」の要諦《ようてい》

「清流」の章で描《えが》かれる、言論部の第1回全国大会の講演で、山本伸一は「民衆を守り、民衆が主役となる人間の勝利の時代を築く」ために、正義の言論を武器としていく必要性を語る。そうした言論戦の要諦を、『新・人間革命』の各所から考える。

言論とは「生命の触発作業」

●言論の力を磨《みが》く意義とは何か——。

山本伸一は、次のように語る。

「仏法者の戦いとは、どこまでも非暴力による言論戦です。言論、対話というのは、相手を人間として遇《ぐう》することの証明です。それは、相手の良心を呼び覚ます、生命の触発作業であり、最も忍耐《にんたい》と粘《ねば》り強さを必要とします」（第3巻「月氏」の章）

また、「ペンの力は強い。まことの言論は虚偽《きょぎ》の闇《やみ》を払《はら》い、真実の光を注ぎ、人びとの心に勇気の太陽を昇《のぼ》らせる。言論の勇者は百万の大軍に等しい」（第20巻「信義の絆」の章）と言論の持つ力について、このように期待を寄せている。

人の心を動かす言論とは

●「人間革命という、一個の人間の生命を変えゆく平和革命の武器は、魂《たましい》を触発する言葉である。言葉は生命である。

言葉は光である。言葉は希望である。わが生命の泉が涸《か》れ果てる瞬間《しゅんかん》まで、力の限り、語りに語り、書いて書いて、書き続けるのだ！」（第10巻「言論城」の章）と伸一は語っている。

「言葉は生命」――フランスの格言に「文は人なり」とあるように、言葉や文章には、書き手の人格・生き様が表れるものだ。

「燃え上がるような学会魂《がっかいだましい》をもってペンを握《にぎ》れば、たとえ表現は稚拙《ちせつ》でも、それだけのものが必ず文ににじみ出てくる。ちゃんと人の心を動かす」（第18巻「師子吼」の章）

「悪」を許さぬ心

●民衆を苦しめる「悪」に対しては、決然と声をあげる勇気が求められる。「横行する『悪』を見ながら、沈黙《ちんもく》し、放置しておけば、『悪』は際限なく増長する。『正義』なれば、断じて『悪』と戦い、勝たねばならない」（第14巻「大河」の章）からだ。

それは、「権力の横暴など社会悪や、人間生命に巣くう魔性《ましょう》を、絶対に許さぬ心」（第18巻「師子吼」の章）であり、「人びとの幸福と平和の道を開き抜《ぬ》くぞという一念」（同章）なのだ。

皆が言論の力を磨《みが》く意味

●山本伸一は、記者や文筆家などの専門家のみが言論を担《にな》うのではなく、青年をはじめ、広く言論の力を身につけていく必要性を訴《うった》えた。

「これからのリーダーには書く力、語る力が大切になる。青年部の最高幹部になって、原稿一つ書けず、話にも説得力がないというのでは、社会をリードしていくことなどできません。その意味でも、青年部の幹部は、言論活動を特別な人だけに任せようとするのではなく、全員が言論の力を磨いていく必要がある」（第4巻「青葉」の章）

　そして、新しい時代を築くためには、女性たちの声はますます重要になっていく。

「これまで、社会を陰《かげ》で支えてきた婦人たちが、堂々と自己の主張を語り、表現していかなければ、本当の民主の時代の世論をつくることはできない」（第5巻「勝利」の章）というのが、伸一の信念なのだ。

「迅速《じんそく》な対応」が重要

●言論戦においては、問題に対し、素早く発信していくことが重要となる。「どんな気構えをもっていようが、声をあげるべき時にあげなければ、眠《ねむ》っているに等しい。言論戦とは、まさに、『時』を見極める戦いであり、また、時間との勝負でもある」（第14巻「智勇」の章）からだ。

　山本伸一はその点をどのようにとらえ、行動していたのか。伸一は、創価学会に対する誤った報道によって悩《なや》み苦しむ学会員に向けて彼《かれ》らが「いかなる問題で苦しみ、いかなる批判に戸惑《とまど》っているのかについて、レーダー網《もう》を張《は》り巡《めぐ》らすかのように、常に心を配っていた」（第8巻「宝剣」の章）という。そして、「それが何かをつかむと、真っ先に対応し、論破すべきものは明快に論破していった。その迅速な対応こそが、言論戦の要諦といえるからだ」（同章）

真実の言論を届ける

言論部の第1回全国大会で講演する山本伸一

●「自分で原稿《げんこう》を書くことはできなくても、友人に（聖教）新聞を購読《こうどく》してもらうことならできます」（第18巻「前進」の章）と、地域に購読を勧《すす》める運動をはじめた愛媛の学会員のエピソードが描《えが》かれる場面がある。

　また、第10巻「言論城」の章では、各国SGIの機関紙を、その国の文化団体や大学の図書館に贈呈《ぞうてい》するなかで、学会に対する誤った認識《にんしき》が変わり、理解が広がっていったことが紹介《しょうかい》される。

　真実の言論を届けることも、言論戦の大切な一端《いったん》なのだ。

文化を超《こ》えて人類を結ぶ〝音楽の力〟

「清流」の章で記される、音楽と宗教の不可分な関係。
そして、音楽は宗教的・文化的な違《ちが》いも超えて人びとを結んでいく――
その事実を、歴史や著名な音楽家の言葉などをひもときながら考えてみたい。

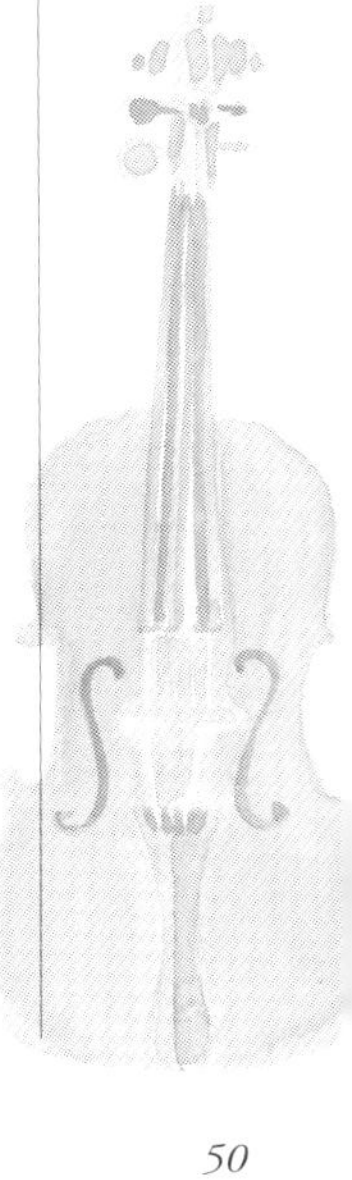

芸術とは「祈《いの》り」に通じる営み

「清流」の章では、山本伸一が創立した民主音楽協会（民音）の「創立記念演奏会」にからめて、宗教と音楽の関係について次のように記されている。

「宗教と、音楽などの芸術とは、確かに不可分の関係にある。宗教は、人間の生命という土壌《どじょう》を耕し、その大地のうえに花開き、実を結んでいくのが、芸術であるからだ」

民音の創立記念演奏会

古今東西、あらゆる文明の芸術・文化は、宗教と密接にかかわりながら発展してきたといってよい。

オーストリアの著名な声楽家ユッタ・ウンカルト＝サイフェルト氏も、池田ＳＧＩ会長との対談において、「私にとって、舞台に立って演奏することは、聖なるもの――カトリック的に言えば聖霊《せいれい》でしょうか――からの贈り物を受け取り、他の人に継承《けいしょう》することです」[※1]と語る。

いわゆる「クラシック」の名作曲家にも、敬虔《けいけん》なキリスト教徒であった人が少なくない。彼《かれ》らの多くは、信仰《しんこう》を作曲の源泉としていた。

〝交響曲《こうきょうきょく》の父〟と呼ばれるハイドンは、「これから神と交わるのだ。それに相応《ふさわ》しく装わねばならない」[※2]と言って、作曲を始めるときには、いちばんの正装をしたという。彼にとって、作曲することは「礼拝の一形態」であり、詩神《ミューズ》を呼び出すための儀式《ぎしき》であったのだ。

　また「G線上のアリア」「マタイ受難曲」をはじめ、数多くの名曲を残し〝音楽の父〟とも称《しょう》されたバッハも、敬虔なプロテスタントであり、終生、あつい信仰心をもっていたという。

　池田会長は、先述のサイフェルト氏との対談で、その本質を「芸術とは、自分や時間、空間を超えた、ある『大いなるもの』や『永遠性』への発信だと思います。それはまさに『祈り』に通じる営みです」[※3]と語った。

芸術は、宗教の枠《わく》を超えた〝人類の共通財産〟

　しかし、音楽と宗教が不可分であるが故《ゆえ》に、民音が創立された当時の創価学会員の中には、「他の宗教に関係する音楽を演奏したり、聴《き》いたりすることに、かなり抵抗《ていこう》を感じている人も少なくなかった」という。それに対し、冒頭《ぼうとう》の言葉は次のように続く。

「その芸術に親しむことと、宗教その

池田SGI会長とサイフェルト氏との会見の様子(2001年9月)

ものを信ずることとは、イコールではない。

　宗教的な情熱が、芸術創造の源泉となっていても、芸術として花開く時、それは宗教の枠を超える」

　たしかに、キリスト教徒の作曲家が信仰を源泉として創造した曲であっても、名曲は民族や文化を超えて、あらゆる人を感動させる。それらの名曲はいわば人類の共通財産であり、一つの宗教の枠に収まるものではないのだ。

　池田会長は、1989（平成元）年6月14日にフランス学士院で行った講演のなかで、芸術のもつ「結合の力」について論じ、また高校生に向けた語らいのなかでも、「争いを食い止め、民衆の心を平和の方向へと昇華《しょうか》させゆく偉大《いだい》な潮流は、文化しかないのです」[※4]と述べるなど、音楽をはじめとした文化・芸術の力で人びとを結んでいくことを、一貫《いっかん》して主張してきた。

　アメリカ出身の世界的ヴァイオリニストであるユーディー・メニューイン氏も、音楽は「他人の心になんとかして触《ふ》れたいというやむにやまれぬ欲求から生まれた」[※5]と著書で記した。また池田会長との対談でも、「『音楽』は〝争いがない〟数少ない分野の一つです。もちろん、芸術家と芸術家の間に敵意や競争はあり得《う》るでしょう。しかし、聴衆《ちょうしゅう》とは一体です。音楽が両者を結び付け、調和させるのです」[※6]と述べるなど、音楽のもつ「結合の力」について、池田会長と同様の考えを寄せる。

「清流」の章の中で山本伸一は、民音設立の目的は「あくまでも、民衆の手に音楽を取り戻《もど》すことにある。人間文化を創造し、音楽をもって、世界の民衆の心と心を結び、平和建設の一助とすることにある」とした。事実、民音は設立以後、音楽、舞踊《ぶよう》、舞台芸術を中心とした文化交流を積み重ね、その輪は現在、世界105か国・地域にまで広がっている。

音楽は鼓膜《こまく》を相手にしているのではない。
その奥《おく》の心に呼びかけ、誰《だれ》もが持っている
「魂《たましい》の琴線《きんせん》」に共鳴と友情のハーモニーを響《ひび》かせる。
その音律は、ある時は生きる勇気を、ある時は平和の祈《いの》りを、
また、ある時には人間の誇《ほこ》りを呼び覚ます。
そういう徳の力が、音楽にはあるのだ。
音楽で人間を結びたい！
そして世界に、文化と平和の虹《にじ》の調べを奏でたい！
これが、私の若き日からの夢であった。

——『池田大作全集』第134巻　随筆「新・人間革命」「民音」四十周年の栄光 より

【出典】※1、3『生命の光 母の歌』(池田大作、J・U＝サイフェルト 著)聖教新聞社　※2『我、汝に為すべきことを教えん』(アーサー・M・アーベル 著、吉田幸弘 訳)春秋社　※4『池田大作全集』第64巻 対話「青春対話」※5『メニューヒンが語る 人間と音楽』(イェフディ・メニューヒン、カーティス・W・デイヴィス 著、別宮貞徳 監訳)日本放送出版協会　※6「聖教新聞」1992年4月7日付
【参考文献】『大作曲家たちの履歴書(上)』(三枝成彰 著)中公文庫／民主音楽協会ホームページ「民音の軌跡」

Column

小説『新・人間革命』に学ぶ
女性への励《はげ》まし

『新・人間革命』には、女性の幸福を心から願い、正しい人生観と哲学《てつがく》をもって、家庭や職場、社会を照らしていく生き方を示す山本伸一の姿が随所《ずいしょ》に描《えが》かれている。全巻を通じてちりばめられた、女性に贈《おく》る珠玉《しゅぎょく》の言葉の一端《いったん》を紹介《しょうかい》する。

何かあれば愚痴《ぐち》をこぼしたり、
人を嫉妬《しっと》したりする、
暗い沼地のような生き方で
あってはならないと思います。
明るく、はつらつと、日々、
生活の軌道を力強く歩みゆく、
〝太陽の人〟であってください。
また、ご一家を守りながら、
宿命に泣く人びとを励まし、
地域に希望の光を送る、
〝太陽の人〟であってください。

第8巻「清流」の章

幸福は彼方《かなた》にあるのではない。
自分の胸中にある。
それを開いていくのが信心《しんじん》です。
信心さえ、しっかりし抜《ぬ》いていくならば、
商売をしても、結婚《けっこん》をしても、
すべてうまくいきます。信心は、
その人の人生の原動力であるからです。

第9巻「光彩」の章

女性は幸せになりなさい。
それには福運をつけるとともに、
時流や安易な風潮に流されないための
確かな哲学、確かな価値観が必要です。
それが信心なんです。

第13巻「光城」の章

華《はな》やかさに憧《あこが》れ、自分だけの幸せを
求める生き方ではなく、
人びとの幸福のために働《はたら》くなかにこそ、
最も尊い至高《しこう》の人間道がある。

第18巻「師恩」の章

ご家庭でも、何があっても、
お母《かあ》さんが悠然《ゆうぜん》としていれば、
子どもは安心します。
その強さこそが、愛情なんです。
それが、子どもを
守ることにもつながります。

第23巻「未来」の章

尊い姿だね。お母さんの学ぼうという姿勢は、
必ず子どもたちにも伝わるものだ。
生き方を示すことが、最高の教育になる。

第23巻「学光」の章

せっかく頑張《がんば》っても、愚痴《ぐち》ばかり言っていると、
その福運を消してしまうし、功徳《くどく》もありません。
卑近《ひきん》な例で言えば、
風邪《かぜ》を治そうと薬を飲みながら、薄着《うすぎ》をして、
雨に打たれて歩いているようなものです。

✽

ついつい愚痴を言ってしまう人もいるでしょうが、
愚痴の怖《こわ》さは、言うたびに、
胸中に暗雲《あんうん》を広げていくことです。
心を照らす太陽が闇《やみ》に覆《おお》われ、希望も、感謝も、
歓喜《かんき》も、次第《しだい》に薄《うす》らいでいってしまう。

第24巻「人間教育」の章

どうか皆《みな》さんは、優《やさ》しい、いいお母さん、
いい奥《おく》さんになってください。
人間革命といっても、
決して特別なことではないんです。
一例をあげれば、
子どもや夫への接し方一つにも表れます。
いつも怒《おこ》りっぽかったのに、怒らなくなった。
笑顔《えがお》で接するようになった。
よく気遣《きづか》いができるようになった。
子どもの言うことを、
ちゃんと聞いてあげられるようになった
——それが、人間革命なんです。

✽

幸せといっても、
自分の身近なところにあるんです。
たとえば、家庭で、隣近所《となりきんじょ》とのつきあいのなかで、
あるいは、職場で、
いい人間関係をつくれるかどうかです。
そして、心から感謝でき、幸せだと思える——
そこに、幸福があるんです。

第24巻「人間教育」の章

激流の章

ケネディと池田SGI会長の「共通項《きょうつうこう》」とは?

「激流《げきりゅう》」の章で山本伸一《やまもとしんいち》は、第35代アメリカ大統領ジョン・F・ケネディの暗殺の報に接し、この突然の死を哀悼《あいとう》する。ここでは、ケネディと池田SGI会長の共通項を抽出《ちゅうしゅつ》してみよう。

リーダーとして、人びとを鼓舞《こぶ》する力

「彼《かれ》は、ケネディに共感するところが多かった。もし、ケネディの立場にいたならば、多くの面で、同じことをしていただろうと思えた」

「激流」の章で、山本伸一はケネディ大統領の早すぎる死（1963年11月22日）に際し、そのように思う。

諸事情から実現しなかったものの、ケネディは伸一に会見を申し込《こ》んできたこともあった（第7巻「文化の華《はな》」の章に詳述《しょうじゅつ》）。

伸一にとって「ケネディの死が、盟《めい》友《ゆう》の死のように感じられてならなかっ

1961年1月20日、大統領就任演説をするケネディ

た」（「激流」の章）のは、そうした「縁《えん》」も踏《ふ》まえてのことであった。

ケネディ政権時代の駐日《ちゅうにち》アメリカ大使であったエドウィン・ライシャワーは、次のように述べている。

「ケネディは、文章と演説によって人々の心を動かし、行動に駆《か》り立てる、不思議な能力を備えている」[※1]

その能力を示す好例が、1961（昭和36）年1月20日の大統領就任演説での、次の名高い一節だ。

「国家が諸君のためになにをなし得るかを問わず、諸君が国家のためになにをなし得るかを問いたまえ」[※2]

ケネディの墓碑《ぼひ》にも刻まれていると

いうこの言葉は、アメリカ国民に各々《おのおの》の使命を考えさせ、勇気を奮い起こさせた。

池田SGI会長も、スピーチや随筆《ずいひつ》、詩、歌などの言葉によって、世界中の人びとに勇気と希望を与えてきた。世界中のSGIメンバーはもとより、出会った各国の識者・指導者など多くの人びとが、異口同音に、池田会長の励《はげ》ましの言葉がどれほど力になったかを述懐《じゅっかい》しているのだ。

ケネディは、大統領就任後まだ5か月の61年6月3、4日、当時のソ連首相ニキータ・フルシチョフと、オーストリアのウィーンで米ソ首脳会談を行

THE COMMON POINT

った（「ウィーン会談」と呼ばれる）。その会談前には、イギリス・フランス・西ドイツの各首相ともそれぞれ個別に会っている。また、ウィーンへの途次《とじ》、5月31日にはパリで、フランス大統領ド・ゴール（当時）とも会談した。

ケネディはまた、63（昭和38）年9月20日の国連総会における演説でも、「試みるのに早すぎるということはないし、対話するのに遅すぎるということもないのです」※3と、ソ連の指導者に対話を呼びかけた。

冷戦の真っただ中にあった当時、ケネディは各国、とくにソ連首脳と対話することを、ひときわ重視していたの

だ。

池田会長も、〝平和構築のためには、各国のトップ同士が対話することが、極めて重要〟との考えを貫《つらぬ》いてきた。

たとえば、池田会長は一貫《いっかん》して米ソ首脳会談を提言してきた。81（昭和56）年5月、3度目の訪ソでニコライ・チーホノフ首相（当時）と会見した際には、直接「モスクワを離《はな》れてスイスなど、よき地を選んで米大統領と徹底した話し合いを」※4と提案している。米ソ首脳会談は、4年後の85（昭和60）年、スイスのジュネーブで実現をみた。

池田会長は、草の根の民衆レベルの交流を大切にするのと同時に、そのうえで、平和のために世界の識者・指導者と胸襟《きょうきん》を開いた対話を積み重ねてきたのである。

ほかにも、ケネディは次代を担う青年たちに平和という使命を託さんと、61年に開発途上国へのボランティアプログラム「平和部隊」を創設し、一方、池田会長は創価学会の青年訪中団・訪印団の派遣など、青年同士の交流を多角的に推進してきた。

〝青年たちこそ平和の担い手〟との信念においても、二人は共通していたのである。

【出典】※1、3『ケネディの言葉』（御手洗昭治 編著、小笠原はるの 著）東洋経済新報社
※2『ケネディ演説集』（高村暢児 編）中公文庫　※4「聖教新聞」2007年6月2日付
【参考文献】『ケネディとニューフロンティア』（中屋健一 著）清水新書／「聖教新聞」2006年10月31日付、2015年5月4日付
写真提供＝共同通信社

Column

ケネディを知るためのキーワード

**歴代アメリカ大統領の中で、
今も屈指《くっし》の人気をもつジョン・F・ケネディ。彼を知るための
キーワードを、いくつかピックアップしてみよう。**

「公民権法案」

ケネディが掲《かか》げた「ニューフロンティア」の一つの柱が、当時のアメリカではまだ激しかった人種差別、とくに黒人への差別の解消であった。ケネディは大統領就任後、そのために意欲的に行動した。

たとえば、連邦《れんぽう》政府に黒人幹部を積極的に任命したり、企業や労働組合に対しても黒人の積極的雇用《こよう》を呼びかけたりした。また、大統領就任前の選挙戦の最中《さなか》にも、黒人指導者マーティン・ルーサー・キング・ジュニアが、抗議《こうぎ》の座り込《こ》みをしていただけで逮捕《たいほ》された際、ケネディはキングの妻に、できる限りのことをすると電話で伝え、弟のロバート・ケネディは、キングに有罪判決を出した判事に電話をし、即時《そくじ》釈放《しゃくほう》するよう説得。

その後、キングはすぐに釈放された。この出来事で、東部の黒人の多くがケネディ支持に立場を変えたといわれる。

キングらが悲願とした、有色人種への公民権（選挙権など）適用と人種差別解消のための「公民権法案」を議会に提出したのも、ケネディであった。

だが、ケネディはその法案が議会を通るのを見ることなく暗殺された。

そして、死の翌年（1964年）に「1964年公民権法」として成立したのである。

初のカトリック大統領

大統領選におけるケネディの最大のハンディは、カトリックのキリスト教徒であることだった。

理由はさまざまあるが、アメリカでは少数派であることや、“カトリックの大統領の下では、国がローマ教皇の支配下に置かれてしまうのではないか”という恐怖心《きょうふしん》などから、風当たりは強かった。

実際、大統領選前年（1959年）の5月に行われた世論調査では、24％の人が「カトリック候補者には投票しない」（※1）と答えていたという。

しかし、ケネディはテレビのインタビューで「私がカトリックとして生まれたときに、すでにアメリカ合衆国の大統領になる資格がないということになるのでしょうか」（※2）と述べるなど、堂々と反論。ハンディを覆《くつがえ》し、カトリック信徒初の大統領になった。

ニューフロンティア

「フロンティア」とは「未開拓《みかいたく》地《ち》」のこと。

地理的な意味でのアメリカのフロンティアは、19世紀末に消滅《しょうめつ》した。しかし、ケネディは大統領候補指名受諾《じゅだく》演説（1960年7月15日）の中で、「ニューフロンティア」という概《がい》念《ねん》を打ち出した。

「我々はいま、ニューフロンテ

ィアの最先端に立っているのです。一九六〇年代のフロンティアです。(中略)私は皆さん一人ひとりがニューフロンティアの開拓者となることを願っています」(※3)

「ニューフロンティア」という言葉に託《たく》されたのは、戦争・偏見《へんけん》・貧困・差別などという、アメリカに横たわっていた問題の解決であった。

第32代アメリカ大統領フランクリン・ルーズベルトは、世界恐慌《きょうこう》のどん底からアメリカを救った経済政策「ニューディール」で名高いが、同様に、「ニューフロンティア」はケネディの大統領としての政策を象徴《しょうちょう》する言葉となった。国民は、この言葉とともに登場した若き大統領に、〝新たな希望の時代が始まる〟と感じ、大きな期待を寄せたのだ。

キューバ危機

ケネディが大統領時代に直面した最大の危機《きき》が、「キューバ危機」であった。

1962(昭和37)年10月、アメリカ空軍の偵察機《ていさつき》がキューバ上空で撮《と》った写真から、キューバと軍事協定を結んでいたソ連(当時)が核《かく》ミサイル打ち上げ施設《しせつ》を建設中であることが判明。

それは、アメリカ本土に対する核攻撃《こうげき》を可能にするものであり、アメリカ政府としては断じて許すわけにはいかなかった。

ケネディはキューバを海上封鎖《ふうさ》し、攻撃的兵器の搬入《はんにゅう》を阻止《そし》するとともに、ミサイルの撤去《てっきょ》をソ連側に迫《せま》った。ソ連首相のフルシチョフとケネディの間で、書簡による緊迫《きんぱく》したやりとりが続いた。

アメリカ軍の偵察機がキューバ上空で、ソ連の地対空ミサイルで撃墜《げきつい》されるなど、不測の事態もあり、事態は米ソ全面核戦争の瀬戸際《せとぎわ》まで進んだ。

しかし、ぎりぎりのところでソ連側がミサイルの撤去に応じ、危機は回避《かいひ》された。『新・人間革命』でも、第7巻「文化の華」の章でキューバ危機について詳述《しょうじゅつ》されている。

ムーン・スピーチ

ケネディが大統領となったころ、米ソの宇宙開発競争は熾烈《しれつ》を極めていた。

また、1957（昭和32）年にソ連が史上初の人工衛星スプートニク1号の打ち上げに成功するなど、アメリカが大きく後《おく》れを取っていた時代でもあった。

ケネディは、その遅れを取り戻《もど》し、宇宙開発競争でソ連よりも優位に立つことを、大統領選の公約の一つに掲げていた。

そして、大統領就任後の62（昭和37）年9月、ケネディは「私たちは月へ行くことを決意しました。私たちは10年以内に月へ行き、次なる取り組みを行います」（※4）と宣言する、「ムーン・スピーチ」と呼ばれる名高い演説を行った。

これが、NASA（米航空宇宙局）による「アポロ計画」（人類初の月への有人宇宙飛行計画）の発端《ほったん》となった。

7年後の69（昭和44）年7月20日、アメリカの宇宙船アポロ11号が人類初の月面着陸を成功させ、宣言は成し遂《と》げられた。

だが、そのときケネディはすでに世を去り、〝国民の夢がかなった瞬間〟を見ることはできなかった。

【出典】※1〜3『ケネディ――「神話」と実像』（土田宏 著）中公新書
※4『ケネディの言葉』（御手洗昭治 編著、小笠原はるの 著）東洋経済新報社
【参考文献】Peace Corpsウェブサイト

Column

公民権運動の淵源——奴隷解放宣言

アメリカ大統領ケネディが凶弾《きょうだん》に倒《たお》れた1963(昭和38)年。
アメリカでは、公民権運動が最高潮に達《たっ》しようとしていた。
マーティン・ルーサー・キング・ジュニアの
ワシントン大行進での演説は、
第16代アメリカ大統領エイブラハム・リンカーンの
奴隷《どれい》解放宣言に言及《げんきゅう》するところから始まっている。
公民権運動の淵源《えんげん》となった奴隷解放宣言とは
どんなものだったのだろうか。

奴隷解放宣言とは？

◆「もしもわたしの名前が歴史にのこるとしたら、それはこのこと（奴隷解放宣言への署名）でだろう」（※1）という述懐《じゅっかい》のとおり、奴隷解放宣言はリンカーンの名前を不朽《ふきゅう》のものとした。

当時、アメリカは大きく南北に分裂《ぶんれつ》して戦争をしていた（南北戦争）。

奴隷制度の拡大に反対する共和党が結成され、共和党候補のリンカーンが大統領となったことが分裂のきっかけだった。

奴隷解放宣言は、南北戦争の最中の1863年1月1日、南部連合の州にいる奴隷を解放することを謳《うた》った宣言だ。

だが、南北戦争で苦戦を強いられるなか、南部の国際的な孤立《こりつ》や、南軍を支える黒人奴隷の離反《りはん》といった効果を狙《ねら》った政治的意図もあり、奴隷制度は必要としながらも北部に味方した奴隷制度のある州（ケンタッキー州、デラウェア州など）や、すでに占領《せんりょう》されていた南部の地域の奴隷は含《ふく》まれておらず、その対象は限定的であった。

さらに、北部にも奴隷解放に反対する政治勢力は強く、戦争に勝てば、せっかくの奴隷解放が反故《ほご》にされる恐《おそ》れもあった。

そこでリンカーンは、アメリカのあらゆる地域で奴隷制度を法律で禁止する、憲法修正条項第13条を議会で通すことで、奴隷制度が二度と復活しないようにしたのだ。

しかし、奴隷制度がなくなった後も黒人たちは、自由を獲得《かくとく》するための長い戦いを続けなくてはならなかった。

どうして奴隷がいたの？

◆17〜18世紀にかけて、アメリカの南部やカリブ海の西インド諸島では、タバコや綿花、サトウキビといった商品作物を生産し、ヨーロッパに輸出することで産業が成り立っていた。こうした作物の栽培には安い労働力が大量に必要だった。そのために、賃金《ちんぎん》が高いヨーロッパの年季奉公人《ねんきぼうこうにん》や、土地勘《とちかん》をもち逃亡《とうぼう》の恐れがあるネイティブアメリカンよりも、一度購入《こうにゅう》した後は賃金を払《はら》わなくてよい黒人奴隷が、最も経済的だと考えられた。

黒人奴隷は、アフリカの奴隷商人によって捕《と》らえられ売られた。アフリカからアメリカへ奴隷が、アメリカからヨーロッパに砂糖や綿が、ヨーロッパからアフリカへ繊維《せんい》製品やラム酒などが売られる三角貿易が行われていた。

奴隷制度と戦った女性たち

◆一人の勇気ある女性ローザ・パークスの行動が公民権運動のきっかけのひとつとなったように、南北戦争の時代にも、奴隷解放のために大きな働《はたら》きをした女性たちがいた。

２０１６（平成28）年、新しい20ドル札の肖像《しょうぞう》に、ハリエット・タブマンが黒人女性として初めて使われることが発表された。ハリエットは、自由州（奴隷制を禁止した州のこと）や、より安全なカナダへと逃《に》がす「地下鉄道」の「車掌《しゃしょう》」として、約３００人もの南部の黒人奴隷たちの逃《とう》亡《ぼう》を手助けしたといわれている。南北戦争では、北軍で看護師、スパイとしても活躍《かつやく》した。

白人のハリエット・ビーチャー・ストウが書いた小説『アンクルトムの小屋』は、それまでのアメリカで聖書以外で最も売れた本となり、奴隷制度廃止《はいし》の世論を高めた。リンカーンをして、「あの大きな戦争（南北戦争）のきっかけは、この小柄《こがら》なご婦人が作ったのか！」（※2）と語らしめたほどだった。

こうした貢献《こうけん》をした女性たちだが、参政権を獲得するのは1920（大正9）年になってからのことだった。

奴隷解放宣言のその後

◆奴隷から解放されて、姓《せい》を名乗ることができるようになった。

フリーマン、リバティ、ニューマンといった姓は、当時の黒人たちが自由になった喜びを込《こ》めた姓だ。しかし、南部では実質的に選挙権を奪《うば》ったり、黒人と白人が同じ施設や設備、座席を使わないよう隔離《かくり》して、人種差別を温存する仕組みを作り上げた（ジム・クロウ法）。

第二次世界大戦が、黒人の地位を大きく変えるきっかけになった。軍需《ぐんじゅ》工場での労働は、経済的自活をもたらし、兵士に提供された教育と身に付けた技術が、差別に屈《くっ》しない自尊心を育《はぐく》んだ。

ヨーロッパの戦地に赴《おもむ》いて初めて人間扱《あつか》いされたと感動する黒人兵士もいた。戦争で他の土地に行くことで南部での境遇《きょうぐう》が当たり前でないことに気がついたのだ。こうした経験も、公民権運動へとつながっていった。

【出典】※1『リンカン――アメリカを変えた大統領』（ラッセル・フリードマン 著、金原瑞人 訳）偕成社
※2『世界伝記大辞典5』（桑原武夫 編）ほるぷ出版 【参考文献】『アメリカ黒人の歴史』（ジェームス・M・バーダマン 著、森本豊富 訳）NHK出版／『アメリカの歴史を知るための62章 第2版』（富田虎男ほか 編著）明石書店／『アメリカを揺り動かしたレディたち』（猿谷要 著）NTT出版／『アメリカ文化のヒーローたち』（本間長世 著）新潮社

社会に強く根を張った韓国《かんこく》SGIの闘《たたか》い

「激流」の章で詳述《しょうじゅつ》される、韓国広布の歴史。誤解と弾圧《だんあつ》を乗り越《こ》え、社会の信頼を勝ち取った今に至る韓国SGIの歩みを、駆《か》け足で辿《たど》ってみよう。

池田SGI会長との出会いが転換点《てんかんてん》に

「激流」の章の後半部分では、韓国SGIの草創期からの歴史が、韓国の近・現代史と併《あわ》せて描《えが》かれている。

30数年にわたった日本の植民地支配などから、歴史的に反日感情が強かった韓国において、日本の宗教団体である創価学会が布教を進めるに当たっては、当初、強い反発があった。

草創期（1960年代）の韓国のメンバーは強い偏見《へんけん》と圧力にさらされ、学会の座談会に刑事《けいじ》の監視《かんし》が付くほど危

池田SGI会長が文化交流のため韓国を初訪問。
「西洋絵画名品展」がソウルで開催された
（1990年9月）

険視された。不当に逮捕《たいほ》・拘束《こうそく》された人や、「日本の宗教を信じるとは何事か」と、売国奴《ばいこくど》呼ばわりされた人もいた。部屋に仏壇《ぶつだん》を置くことができず、やむなく、たんすの中に御本尊《ごほんぞん》を安置することもあった。

そのような厳しい状況《じょうきょう》にあっても純粋《じゅんすい》な信仰《しんこう》を貫《つらぬ》き、誠実な振《ふ》る舞《ま》いを続けたメンバーがたくさんいたからこそ、薄紙《うすがみ》をはぐように、創価学会に対する誤解と偏見は払拭《ふっしょく》されていったのだ。

苦闘《くとう》の日々のなか、メンバーたちを支えたのは、池田SGI会長からの激励《げきれい》であった。韓国メンバーの代表が訪日した際、池田会長が直接激励する機会もたびたびあった。

1990（平成2）年には、池田会

長が満を持して韓国を初訪問。このときの滞在《たいざい》時間はわずか26時間ほどであったが、池田会長の日韓《にっかん》友好への信念や韓国の人びとを思う真心の振る舞いが、メンバーの心に勇気の灯をともし、活動を推進していく大きな追い風となった。

また、池田会長夫妻は、1994（平成6）年と98（平成10）年の2度にわたり、メンバーから贈《おく》られた韓国伝統の衣装を着て写真を撮影《さつえい》。後に、池田会長は「悠遠《ゆうえん》なる貴国の文化と　寛闊《かんかつ》なる友の真心をば　天の衣のごとくに着させていただいた」[※1]と綴っているが、その写真は、「韓日《かんにち》友好の願いを込《こ》め、メンバーのために着てくださった」と、韓国のメンバーの心に、感動とともに強く刻まれている。

現在までに、池田会長の訪韓は計3度に及《およ》び、いずれも韓国SGIの大きな転換点となったという。

たとえば、90年の初訪韓《ほうかん》の際には、東京富士美術館所蔵の名品を集めた「西洋絵画名品展」がソウルで開催《かいさい》され、韓国を代表する識者たちが居並《いなら》ぶなか、同美術館の創立者である池田会長はそのオープニング・セレモニーであいさつに立った。そして、「貴国は日本の文化の大恩人であります」[※2]「私ども所蔵の西洋絵画を海外で初公開させていただくことも、せめてものご恩返しの一分となればとの思いからであります」※3と語ったのだ。その真摯《しんし》な言葉は、池田会長が正視眼で韓国社会と向き合う人物であることを広く知らしめる、大きな契機《けいき》となった。

　また、98年の2度目の訪韓時には、慶熙《キョンヒ》大学から名誉《めいよ》哲学《てつがく》博士号を授与《じゅよ》された。これは池田会長にとって、韓国の大学からの初の名誉学術称号《しょうごう》である。初訪韓からの8年間で、韓国社会のSGIに対する認識が劇的に変わったことを、端的《たんてき》に示す出来事といえよう。

　韓国社会のSGIに対する認識が好転していったのは、池田会長の歴史観と誠実な行動、そして、師と心を同じくした韓国のメンバー一人ひとりの、地道な努力の賜物《たまもの》である。

　韓国SGIでは91（平成3）年から週刊の機関紙「和光新聞」を発行しているが、同紙を大学教授や各市の市長などの識者に贈呈《ぞうてい》する運動を、メンバー有志が自発的に、長年続けてきた。その積み重ねも、誤解と偏見を解く一助となった。

　また、「良き市民たれ」との池田会長の指導を胸に、仏法《ぶっぽう》の精神を基調とした地域貢献・社会貢献の行動を続けている。「国土大清掃《せいそう》運動」と銘《めい》打った清掃ボランティアや「良書贈呈運動」「近隣《きんりん》助け合い運動」「自然保護運動」などである。

そのうち、「国土大清掃運動」は、駅などの公共施設《しせつ》や公園、河川敷《かせんじき》などを清掃するもので、毎回大量のゴミが集まる。当初は、〝どうせ形だけだろう〟と冷ややかな目で見ていた人たちも、手を抜《ぬ》かず真剣《しんけん》に取り組む姿勢に、認識を変えたという。

メンバーたちの、献身的《けんしんてき》で幅広《はばひろ》い活動は社会的に高い評価を受け、韓国SGIに対する行政機関や各種団体からの顕彰《けんしょう》が相次いだ。

そして、2000（平成12）年4月、韓国SGIは、正式に法人認可されたのだ。

多彩《たさい》な「文化」「教育」交流で理解の輪を広げる

池田会長は、一貫《いっかん》して「文化」「教育」の力によって理解の輪を広げてきた。

たとえば、池田会長が創立した民主音楽協会（民音）や東京富士美術館などを通じた芸術・文化交流であり、創価大学などを通じた教育交流である。08（平成20）年には、韓国に「幸福幼稚園《ようちえん》」も創立された。また、池田会長が積み重ねてきた韓国の識者との交流や、150点以上に及ぶ池田会長の著作の韓国語版《ばん》刊行も、広義の文化交流といえる。

韓国SGIも、「自然との対話――池田大作写真展」を韓国の各都市で開催するなど、文化面での宣揚《せんよう》に力を注いできた。

また、法華経《ほけきょう》を通じて韓国社会に仏法理解の輪を広げていこうと、16（平成28）年9月から12月にかけて、「法華経――平和と共生のメッセージ」展が韓国で初めて開催された。そうした多彩な努力が結実して、09（平成21）年の「花冠《ファグァン》文化勲章《くんしょう》」（国家勲章）を筆頭に、池田会長への韓国社会からの顕彰が相次いでいる。名誉学術称号や名誉市民称号も枚挙にいとまがない。

社会の認識が変わるにつれ、韓国広布も大きく進展した。1963（昭和38）年10月の韓国の学会世帯数は948世帯だった、との記述が「激流」の章にあるが、それから半世紀余りが過ぎた今、韓国のSGIメンバーは100万人を優《ゆう》に超《こ》えている。

首都・ソウル特別市には、地上12階、地下5階建ての韓国SGI「本部棟《とう》」と、地上5階、地下5階建ての「池田記念講堂《こうどう》（イケダ・ホール）」が並ぶ。その威容《いよう》は、SGIが韓国社会にしっかりと根を張ったことを象徴《しょうちょう》しているかのようだ。

【出典】※1「聖教新聞」1999年4月14日付　※2、3「聖教新聞」1990年9月23日付
【参考文献】「聖教新聞」2009年11月20日、2010年9月26日付／「大白蓮華」2010年9月号

Column

池田SGI会長と韓《かん》国《こく》の識者の交流

3度目の韓国訪問の折、国立済州大学で趙文富氏と会談（1999年5月）

韓国を代表する識者と編んだ2冊の対談集

池田SGI会長はこれまでに、世界各国の識者・指導者と70点以上もの対談集を編んできた。そのうち、韓国の識者との対談集が2点ある。いずれも、国立済州《チェジュ》大学の元総長・趙文富《チョムンブ》氏と編んだものである。

趙氏は政治学博士で、東京大学やアメリカのエール大学の客員研究員も務めた、韓国を代表する知性。池田会長と出会いを重ねるなかで、「池田先生との語らいは、私の人生にとって『光』であり、『道標《みちしるべ》』です」（※1）と言うほど、深い敬意を寄せるようになった。

日本の植民地支配による反日感情が強く、韓国の大学が、日本人を顕彰《けんしょう》するということが厳しかった時代、済州大学から池田会長に、名誉《めいよ》文学博士号が授与《じゅよ》された（1999年5月）。「SGI会長ほど、韓国の心を、済州の心を大事にしてくれた人はいません。私たちの“心の壁《かべ》”を溶《と》かしてくださいました」（※2）と、趙氏はその思いを語る。

2冊の対談集は、いずれも韓《かん》日《にち》友好をメインテーマとしている。1冊目の『希望の世紀へ　宝の架《か》け橋』では、韓日の長い交流史が主に政治の領域から振《ふ》り返られている。

そして、2冊目の『人間と文化の虹の架け橋』では、文化の領域を中心に韓日の歴史と今が語られている。

『希望の世紀へ　宝の架け橋』

『人間と文化の虹の架け橋』

韓国の識者の間にも、池田SGI会長への尊敬は広がっている。ここではその中から代表的な2人との交流について紹介《しょうかい》しよう。

元首相の李寿成氏と東京・八王子で会見（1999年12月）

元首相も「池田先生は韓日友好の巨大な柱」と

国立ソウル大学の元総長で、1995（平成7）年から97（平成9）年にかけて韓国の首相（国務総理）も務めた李寿成《イスソン》氏は、99（平成11）年12月に、東京・八王子の牧口記念会館で、池田SGI会長と初めて会見した。そのとき、池田会長は李氏の両手をぎゅっと握《にぎ》り、韓国について「文化の大恩人の貴国」（※3）と語った。

この印象的な出会い以来、李氏は池田会長と深い絆《きずな》で結ばれ、「池田先生は韓国の歴史を最も正しく評価し、認め、教育で後世に伝えゆく、日本の中の世界人」（※4）、「韓日友好を支える巨大な柱」（※5）と、信頼を寄せ、称賛《しょうさん》している。

また、韓国SGIとも交流を重ね、その活動を高く評価してきた。

たとえば、2015（平成27）年5月に韓国SGI主催《しゅさい》の「青年平和フェスティバル」に来賓《らいひん》として招かれた李氏は、「信念と団結力の強さを感じました。韓国SGIは絶え間なく善行を行う団体です。それゆえ、多くの人から高い評価を得ています」（※6）、「文化運動というものは、戦争を押しとどめる運動です。池田先生は対話を通して、文化と平和の思いを、人々の心の隅々《すみずみ》にまで染みこませてこられたのです」（※7）と、その思いを述べている。

【出典】※1「聖教新聞」2001年11月29日付　※2「グラフSGI」2002年9月号
※3〜5「大白蓮華」2010年6月号　※6、7「聖教新聞」2015年9月20日付
【参考文献】『池田大作全集』第112巻 対談「希望の世紀へ 宝の架け橋」

文化に残る韓日《かんにち》のよしみ

山本伸一が「文化の大恩人」と語る韓国《かんこく》。
古くからの結び付きのなかで、
朝鮮《ちょうせん》半島から伝えられた「文化の宝」は、
日本人の生活に溶《と》け込《こ》んでいる。
韓日のよしみを伝来の時期の順に調べてみた。

6世紀

仏教 불교

●仏教は朝鮮半島の国、百済《くだら》より伝えられた。

厩戸王《うまやどのおう》（聖徳太子《しょうとくたいし》）の仏教の師となったのも、朝鮮半島より渡ってきた高句《こうく》麗《り》の僧《そう》・慧慈《えじ》だった。

その後、仏教は国の宗教として重んじられるようになり、その影響《えいきょう》は、文化や技術など多方面に及《およ》んだ。

奈良の大仏（東大寺）は有名だが、初代の別当・良弁《ろうべん》も、建設の勧進《かんじん》に当たった行基《ぎょうき》も百済系の出身だ。

仏教の経典を総まとめにしたものを「一切経」「大蔵経」という。日本での仏教研究の基礎資料である大正蔵経は、朝鮮で編まれ、印刷されて室町時代に日本へ伝わった高麗版《こうらいばん》大蔵経が基になっている。ただし李《り》氏朝鮮の時代になると、儒教《じゅきょう》が重んじられ、仏教は弾圧《だんあつ》の対象（崇儒廃仏《すうじゅはいぶつ》）となり、その影響は小さくなっていった。

紀元前10世紀

米（稲作）벼농사

●日本人の主食である米。米を栽《さい》培《ばい》する稲作《いなさく》は、紀元前10世紀には、朝鮮半島の南部から九州北部へと伝わった。その際、栽培に適した水田を作る灌漑《かんがい》工事の土木技術ももたらされた。

日本書紀には、農業用水を確保するため池（韓人池《からひとのいけ》）を渡来人《とらいじん》が作ったという記録もある。大和《やまと》王朝が成立する時期まで、多くの人が日本へと渡《わた》り、彼《かれ》らもまた日本の歴史を作ってきた。

【参考文献】『〈新〉弥生時代　五〇〇年早かった水田稲作』（藤尾慎一郎 著）吉川弘文館／農林水産省 近畿農政局 整理部ウェブサイト／『古代朝鮮仏教と日本仏教』（田村圓澄 著）吉川弘文館／『新版 日本の仏教を知る事典』（奈良康明 編著）東京書籍／『ニッポン定番メニュー事始め』（澁川祐子 著）彩流社／『新版 日本文化と朝鮮』（李進熙 著）日本放送出版協会／『食文化の中の日本と朝鮮』（鄭大聲 著）講談社現代新書

日本から朝鮮へ

日本から朝鮮半島へ伝わったものもある。

朝鮮の食を代表するキムチ。キムチに使われているトウガラシは中南米原産のものだが、これはヨーロッパから日本に持ち込まれたものが朝鮮へと広まったというのが通説だ。

またサツマイモは、江戸時代に琉球《りゅうきゅう》から薩摩へ伝わり、さらに飢饉《ききん》に強い作物として全国に広まった。当時の日朝関係は鎖《さ》国《こく》の例外で、釜山《プサン》には日本人が常駐《じょうちゅう》する和館もあり、使節（朝鮮通信使）が日本を訪れていた。この使節が持ち帰ったことで、朝鮮に広がり、その後の飢饉で多くの人を救うことになった。朝鮮でのサツマイモの呼び名コグマは、対馬《つしま》でのサツマイモの呼び名であった孝行芋《こうこういも》に由来するといわれる。

20世紀

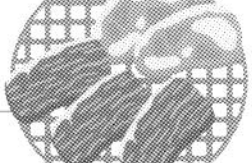

焼肉 불고기

●日本では定番となった焼肉は、戦前、朝鮮からの移住者によって、〝肉をその場で焼いて食べる〟という形式が持ち込まれたといわれている。

戦後、現在に続く焼肉屋が登場し、焼肉は人気の料理となっていく。焼いてからタレに付けて食べるスタイルや無煙《むえん》ロースター（煙《けむり》を吸い取る焼肉用調理器）は、日本で開発され韓国に逆輸入された焼肉文化だ。

16世紀

茶碗《ちゃわん》 陶器 磁器 도자기

●日本の伝統文化である茶道には、「一に井戸《いど》、二に楽《らく》、三に唐津《からつ》」という、茶碗の格付けを表した言葉がある。

1位に挙げられた井戸茶碗とは、朝鮮で日常雑器として使われていた器（高麗茶碗）の一種。また、日本初の磁器であり、世界にもその魅力《みりょく》を発信した有田焼《ありたやき》（伊万里焼《いまりやき》）は、豊臣秀吉《とよとみひでよし》が朝鮮に出兵した際に連れてこられた朝鮮王朝の陶工《とうこう》・李参平《りさんぺい》から始まった。

唐津焼のほか、萩焼《はぎやき》、薩摩焼《さつまやき》のルーツも同じといわれている。

『新·人間革命』

第9巻

新時代の章

鳳雛の章

光彩の章

衆望の章

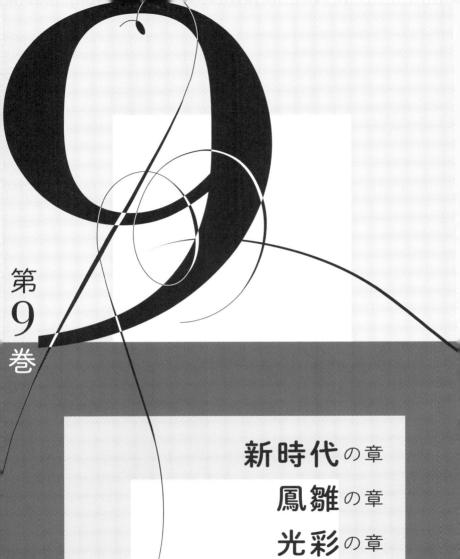

新時代の章

フィリピンと日本の関係史
——池田ＳＧＩ会長の信念とフィリピン社会からの信頼《しんらい》

「新時代《しんじだい》」の章では、山本伸一《やまもとしんいち》がオーストラリアに向かう途中《とちゅう》、経由地《けいゆち》のマニラで、黎明期《れいめいき》のフィリピンＳＧＩの中心者を激励《げきれい》する場面が描《えが》かれている。日本とフィリピンの歴史的な関係と池田ＳＧＩ（創価学会インタナショナル）会長がフィリピン社会と結んできた友誼《ゆうぎ》の歩みを振《ふ》り返ってみよう。

16世紀ごろから続く交流と太平洋戦争の悲劇《ひげき》

東南アジアの島国、フィリピンは16世紀後半から３００年以上にわたってスペインによる植民地支配《しはい》を受けてきたが、日本との交流はそれ以前の16世紀中ごろには、すでに始まっていたと

Philippines

されており、中心都市のマニラには日本人街もつくられていたという。

ラモス元大統領と会見する池田SGI会長(1998年10月)

江戸幕府《えどばくふ》の鎖国《さこく》によって、日比交流《にっぴ》は長い停滞期《ていたいき》に入るが、20世紀に入ると日本からフィリピンへの移住《いじゅう》も増加した。当時、フィリピンは「フィリピン革命《かくめい》」(1896~1902)を契機《けいき》として、一時独立《どくりつ》を宣言《せんげん》したが、今度はアメリカの植民地支配を受けていた。それに伴《ともな》う建設《けんせつ》ラッシュが起こり、工事の労働力として、多くの日本人が渡《わた》ったのであった。その背景《はいけい》には、日本国内の過剰《かじょう》人口対策などから、海外移《い》住《じゅう》が奨励《しょうれい》されたこともある。

1939(昭和14)年には、フィリピン全体で約2万9000人もの在留邦《ざいりゅうほう》人《じん》がいたという。特に、ダバオ(ミンダナオ島）では邦人による麻栽培《あさ さいばい》が盛《さか》んで、当時、フィリピンの麻生産高の約４割《わり》を、邦人の会社が扱《あつか》っていた。

だが、そうした時代も、アメリカによる植民地支配からの解放《かいほう》を大義《たいぎ》名分とした日本軍のフィリピン侵攻《しんこう》によって終焉《しゅうえん》を迎《むか》える。１９４１（昭和16）年12月８日、日本軍は、真珠湾攻撃《しんじゅわんこうげき》のわずか数時間後にはフィリピン各地への攻撃を開始。アメリカ極東軍（駐留《ちゅうりゅう》アメリカ軍とフィリピン軍の合同部隊）を圧倒《あっとう》し、42（昭和17）年から45（昭和20）年まで、フィリピンを占領下《せんりょうか》に置いた。

その間、マニラなどで日米の戦闘《せんとう》が繰《く》り返された。その戦いに巻《ま》き込《こ》まれるなどして死亡したフィリピン人の数は、フィリピン政府《せいふ》の発表で１１１万人以上に上っている。捕虜虐待《ほりょぎゃくたい》、現地《げんち》住民の集団《しゅうだん》殺害など、日本軍の残虐《ざんぎゃく》行為による犠牲者《ぎせいしゃ》も多く、戦後の軍事裁《さい》判《ばん》（マニラ法廷）では、その罪を問われ１９９人が有罪判決《はんけつ》を受け、80人が処《しょ》刑《けい》された。

そのような悲劇的な歴史から、フィリピンでは56（昭和31）年に国交が回復《かいふく》して以降《いこう》も、反日感情が根強かった。しかし、経済《けいざい》や文化など、多分野にわたる両国間のたゆみない交流によって、いまでは日比関係も緊密《きんみつ》の度を増《ま》している。

フィリピンであつい信頼を受ける池田SGI会長

いまもフィリピンの国民的英雄《えいゆう》となっている革命家ホセ・リサールは、「フィリピン革命」を鼓舞《こぶ》し、命を賭《と》して、スペインの支配に決然と立ち向かった。

リサールと同時代を生きた創価学会初代会長・牧口常三郎《まきぐちつねさぶろう》も、戦時中の軍国主義《しゅぎ》と戦い、投獄《とうごく》され獄死《ごくし》。池田SGI会長は、同じく投獄された恩《おん》師《し》・戸田城聖《とだじょうせい》第二代会長の「アジアの民衆《みんしゅう》から心より信頼されたときはじめて、日本は平和の国といえる」※1との信念を受け継《つ》ぎ、アジアの地に平和と友《ゆう》情《じょう》の種を蒔《ま》き続けた。

池田会長は、1961(昭和36)年の最初のアジア歴訪《れきほう》への思いを、随筆に綴《つづ》っている。

「当時は、第二次世界大戦が終わって十五年余。

アジアは、いまだ貧困《ひんこん》と戦火、また分断《ぶんだん》の傷《きず》に苦しめられていた。軍国・日本の侵略《しんりゃく》に虐《しいた》げられた国々も多かった。

本来、豊《ゆた》かな自然に包まれ、明るく逞《たくま》しき民衆が暮《く》らす大地である。

私は、仏《ほとけ》が慈《いつく》しむ『我此土安穏《がしどあんのん》』の

時代の建設を祈《いの》りに祈った」※2
　フィリピンに対しても「宝石の心の、宝石の国」と称《たた》え、メンバーへの激励をはじめ、政府首脳《しゅのう》との会見や大学での講演《こうえん》、識者《しきしゃ》との対話などを通して、日本とフィリピンとの友情を広げる行動を続けてきたのだ。

　三代会長に連なる平和への信念・行動は、いつしかフィリピン社会からあつい信頼を得るに至《いた》る。それは、フィリピンの名門大学から池田会長に授与《じゅよ》された26の名誉学術称号《めいよがくじゅつしょうごう》（名誉博士号など）や多くの顕彰《けんしょう》、そして歴代大統《だいとう》領《りょう》らとの交友の記録が物語っている。

　そのうち、最初の名誉博士号は、1991（平成3）年に国立フィリピン大学から授与された。池田会長は、当時のホセ・アブエバ同大総長と90（平成2）年の初会見以来、交流を重ね、友情を育《はぐく》んできた。

　アブエバ氏はのちに池田会長と対談集『マリンロードの曙《あけぼの》』も編《あ》んでいるが、その中で会長との出会いについて、次のように述《の》べている。

「私にとっては、池田会長とお会いし、友情を結んできたこと自体が、両国の和解《わかい》を象徴《しょうちょう》するものです。私の周りには、過去《かこ》の悲劇を本当に悪かったと思い、フィリピンに手を差《さ》し伸《の》べて、その真情《しんじょう》を伝えてくれた日本人が、二人

います。一人は娘《むすめ》が師事《しじ》していた陶芸《とうげい》の大家《たいか》であり、もう一人が池田会長なのです」[※3]

98（平成10）年には、ホセ・リサールの名を冠《かん》した「リサール国際《こくさい》平和賞」が、「リサール協会」から記念すべき第1回の受賞者として池田会長に贈《おく》られた。リサール協会のキアンバオ会長は、授賞《じゅしょう》の理由について語った。

「だれが、平和のために戦っているのか。

池田博士には、平和への具体的なビジョンがあり、具体的な行動があります。世界百二十八カ国に広がる平和活動があります。こういった平和の闘士《とうし》は、世界に一人もいません。

だから、『リサール国際平和賞』の第一号に池田博士を選んだのです」[※4]

また、かねてより親交のあったラモス大統領（当時）も授賞式に出席し、「池田博士は、精力的《せいりょく》な行動者であり、フィリピンの友人であり、『世界平和のチャンピオン』であられます」[※5]と祝辞《しゅくじ》を述べている。

マニラで草創《そうそう》の中心者たちを励《はげ》ましてから50年以上の時を経た現在、池田会長の後に続くフィリピンSGIのメンバーたちが社会に信頼と友好の根を張《は》り、仏法の人間主義の哲学《てつがく》に共鳴する輪が広がっている。

【出典】※1「聖教新聞」1993年5月12日付　※2『随筆 対話の大道』（池田大作 著）聖教新聞社
※3『マリンロードの曙』（池田大作、ホセ・V・アブエバ 著）第三文明社　※4、5「聖教新聞」1998年2月11日付
【参考文献】『フィリピンと日本』（佐藤虎男 著）サイマル出版会／
『近現代日本・フィリピン関係史』（池端雪浦、リディア・N・ユー・ホセ 編）岩波書店

Column

数字で振《ふ》り返る
池田SGI会長とフィリピンとの交流

1964(昭和39)年5月、空港の待合室での山本伸一と
フィリピンで活動する3人のメンバーとの語らいはわずか数十分。
しかし、このときの出会いを起点とするフィリピン社会との交流は、
半世紀が過《す》ぎて大きな果実を実らせることになる。
いくつかの数字を元に振り返ってみよう。

3 度の訪問

1991.4　*1993.5*　*1998.2*

1998(平成10)年の訪比《ほうひ》の際にはデ・ラ・サール大学に赴《おもむ》き、
日本軍に虐殺《ぎゃくさつ》された教師・市民の慰霊碑《いれいひ》に献花《けんか》を行った。

1 回の講演《こうえん》

「平和とビジネス」
1991年
フィリピン大学記念講演

新しいフィリピンの社会建設《けんせつ》を担《にな》う若者《わかもの》に励《はげ》ましを送った。

「もしビジネス人が事業に左右され、『企業《きぎょう》の論理《ろんり》』や『資本《しほん》の論理』しか眼中《がんちゅう》にないとするならば、行き着く先は、利潤《りじゅん》をめぐる争いであり、それはしばしば戦争の誘因《ゆういん》にさえなってきました。
ビジネスが平和構築《こうちく》のために貢献《こうけん》をなそうとするならば、そうした論理を『人間の論理』のもとにリードせねばならない」(※1)

2人の大統領《だいとうりょう》との会談

コラソン・アキノ大統領
Corazón Aquino

フィリピン初の女性大統領。池田会長はアキノ大統領を称《たた》える長編詩《ちょうへんし》「燦《さん》たれ！ フィリピンの母の冠《かんむり》」を贈《おく》った。

1991(平成3)年**4**月

フィデル・ラモス大統領
Fidel Ramos

コラソン・アキノ大統領の参謀総長《さんぼうそうちょう》、国《こく》防相《ぼうしょう》として職務《しょくむ》を支えたのち、大統領に。池田会長とは、5回の会見を行った。

1993(平成5)年**5**月
1998(平成10)年**2**月**9**日、**12**日、**10**月**29**日
2000(平成12)年**3**月

2つの表彰《ひょうしょう》

リサール国際平和賞

1998年◉リサール協会

1998年、フィリピン独立《どくりつ》100周年を記念し、独立の魂《たましい》の父ホセ・リサールの名を冠して設立《せつりつ》された賞。池田会長は、その第1回の受賞者となった。

ホアン・ルナ賞

1993年◉フィリピン文化センター

「国民と国民の間の文化的協力の発展《はってん》が(中略)地球共同体の平和と相互信頼《そうごしんらい》を保《たも》つ肝要《かんよう》な部分であることを実証《じっしょう》」(※2)したとして、〝最も偉大《いだい》なフィリピン人画家〟の名を冠《かん》した賞が贈られた。

1冊の対談集

『マリンロードの曙《あけぼの》——共生の世紀を見つめて』

対談者 ホセ・V・アブエバ氏
フィリピン大学名誉教授

●肩書きは対談時のもの

フィリピン大学総長を務《つと》めたホセ・アブエバ氏との対談集。同じ年に生まれ、ともに「戦争の時代」を生きた両氏は、「非暴力《ぼうりょく》の平和行動」「文化による国際理解の推進《すいしん》」など多くの点で思いを同じくする。フィリピン大学には「平和の家」（イケダ・ホール）と名づけられた国際交流施設《しせつ》が設《もう》けられている。

26の名《めい》誉《よ》学《がく》術《じゅつ》称《しょう》号《ごう》

名誉人文学博士	20
名誉教育学博士	3
名誉教授	2
名誉法学博士	1

1991（平成3）年フィリピン大学名誉法学博士号の授与を皮切りに、これまで同国の26の大学より、名誉学術称号が贈られている。

8つの交流大学
（創価大学）

Angeles University
アンヘレス大学

De La Salle University
デ・ラ・サール大学

University of the East
イースト大学

Capitol University
キャピトル大学

University of the Philippines
フィリピン大学

University of Rizal System
リサール・システム大学

University of Mindanao
ミンダナオ大学

Ateneo de Manila University
アテネオ大学

フィリピン大学とは1988（昭和63）年に学術交流協定を締結《ていけつ》。
交換留学や語学研修などの交流を
積み重ねている。

51回の公演
民音

1990年から98年にかけて「ラモン・オブサン民族舞踊団《ぶようだん》」、
東南アジア最高のバレエ団《だん》といわれる「バレエ・フィリピンズ」
などによる51回の日本公演が行われている。

【出典】※1『池田大作全集』第2巻 論文（フィリピン大学記念講演） ※2「聖教新聞」1993年5月11日付

1964（昭和39）年、5月12日から24日にかけて、山本伸一はフィリピンなどを経由《けいゆ》しながらオーストラリア、セイロン（現スリランカ）、インドを訪問《ほうもん》した。世界への新しき旅を開始した山本伸一の軌跡《きせき》を辿《たど》る。

山本伸一の平和旅

1964.5.12〜24

〈3か国〉

※日付（現地時間）は、訪問で現地入りした日

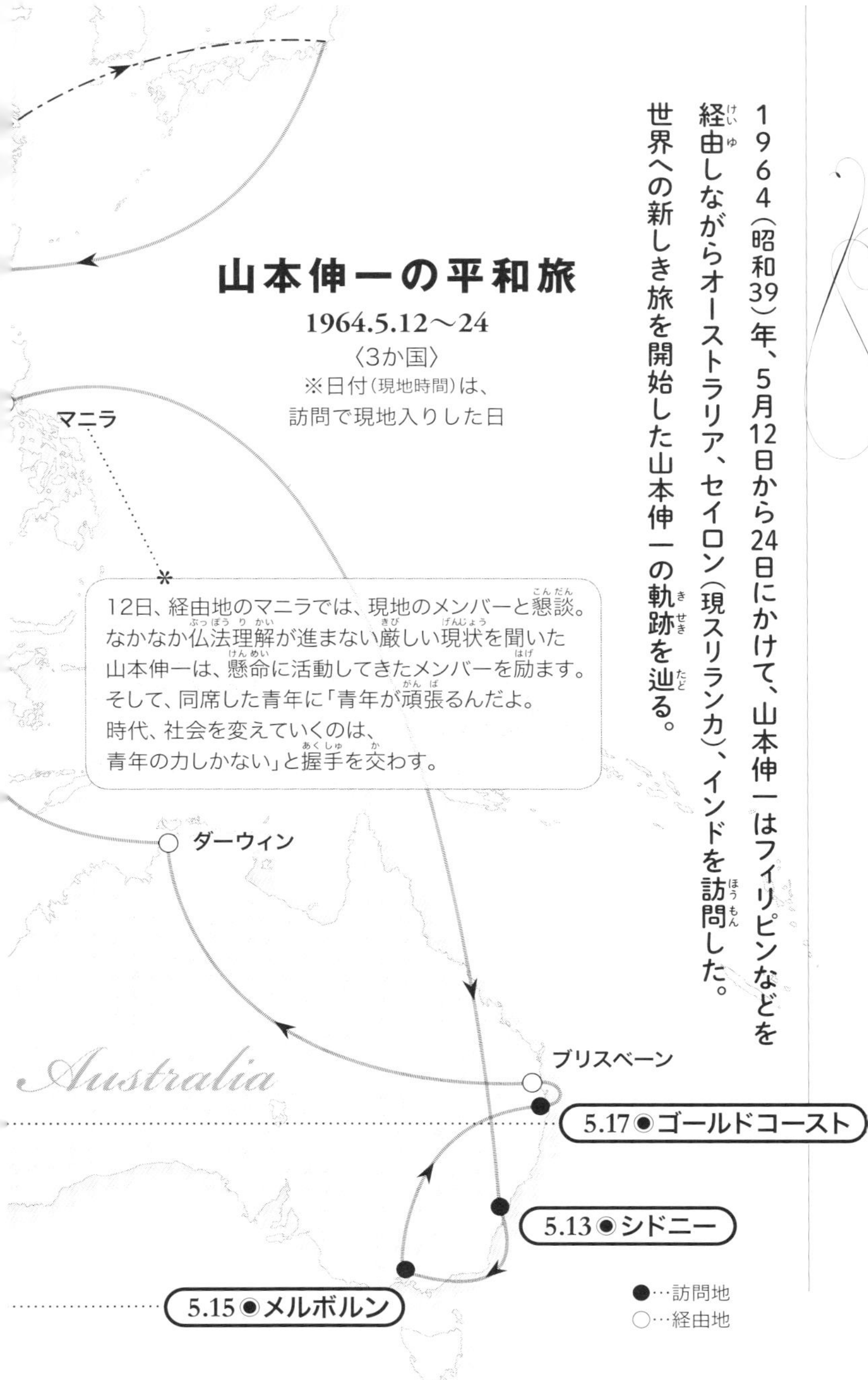

＊12日、経由地のマニラでは、現地のメンバーと懇談《こんだん》。なかなか仏法《ぶっぽう》理解《りかい》が進まない厳《きび》しい現状《げんじょう》を聞いた山本伸一は、懸命《けんめい》に活動してきたメンバーを励《はげ》ます。そして、同席した青年に「青年が頑張《がんば》るんだよ。時代、社会を変えていくのは、青年の力しかない」と握手《あくしゅ》を交《か》わす。

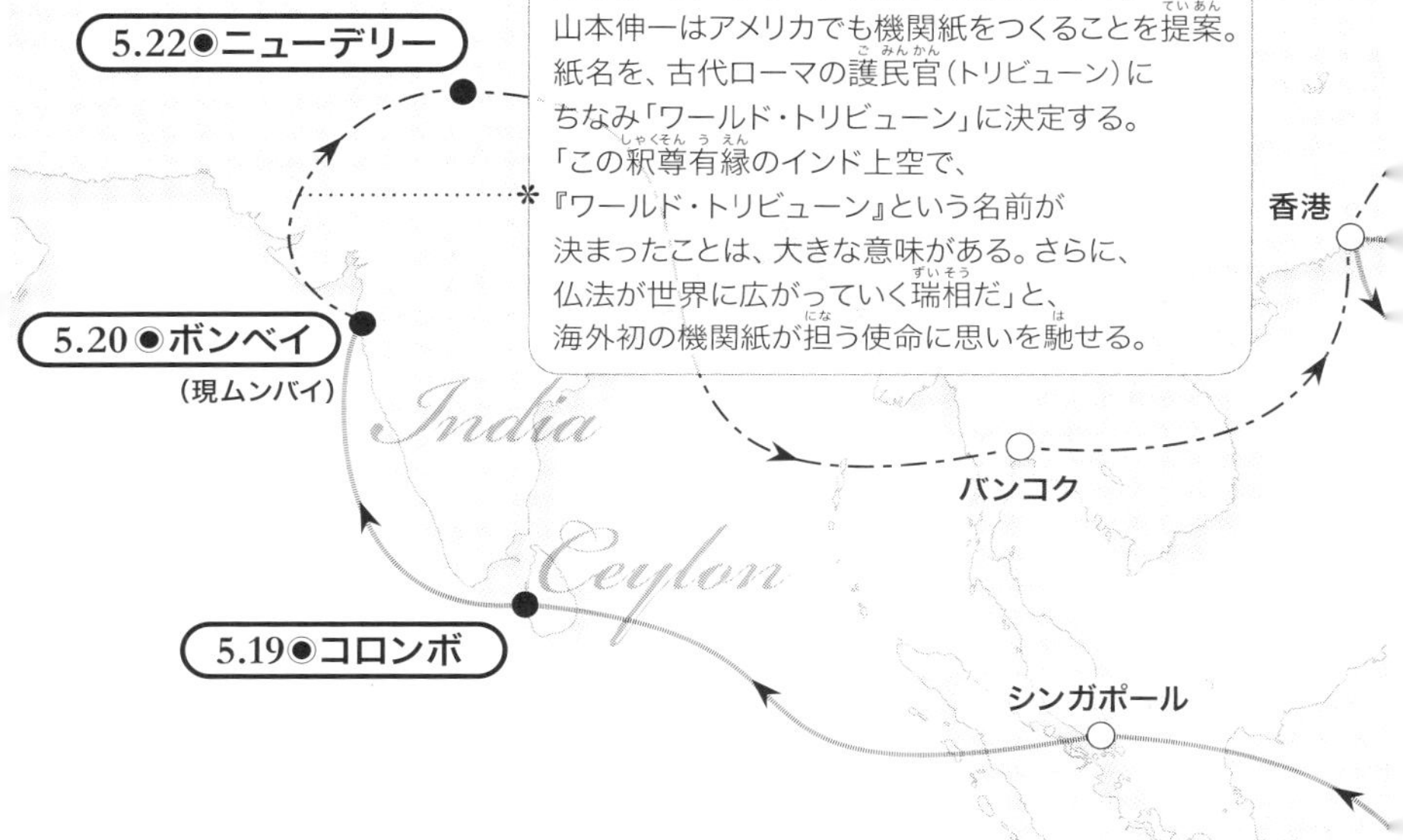

22日、ニューデリーに向かう飛行機の中で、
山本伸一はアメリカでも機関紙をつくることを提案《ていあん》。
紙名を、古代ローマの護民官《ごみんかん》(トリビューン)に
ちなみ「ワールド・トリビューン」に決定する。
「この釈尊《しゃくそん》有縁《うえん》のインド上空で、
『ワールド・トリビューン』という名前が
決まったことは、大きな意味がある。さらに、
仏法が世界に広がっていく瑞相《ずいそう》だ」と、
海外初の機関紙が担《にな》う使命に思いを馳《は》せる。

17日、美しい砂浜《すなはま》が広がる
ゴールドコーストを訪《おとず》れた一行。
山本伸一は「いいところだ。
青年部を、連れて来たいな」と
つぶやくように言った。
「彼《かれ》の頭からは、どこへ行っても、
青年たちのことが離《はな》れなかった。
彼は青年に、すべてをかけていたからである」

16日、山本伸一はメルボルンで
テレビ局のインタビューに応《おう》じた。
当時のアメリカやオーストラリアなどにおいて、
誤解《ごかい》や偏見《へんけん》に基《もと》づく学会批判《ひはん》の記事が
雑誌《ざっし》や新聞に掲載《けいさい》されていたことから、
「オーストラリアの将来《しょうらい》のために、
誤解と無認識《にんしき》による学会批判の報道《ほうどう》を
打ち破《やぶ》っておきたい」との思いで、一問一問、
丁寧《ていねい》に、あらゆる角度から答えていった。

多文化共生を体現《たいげん》するオーストラリアSGIの歩み

「新時代」の章では、1964（昭和39）年に山本伸一がオーストラリアを初訪問《ほうもん》し、同国初の支部《しぶ》・メルボルン支部結成の模様《もよう》が綴《つづ》られる。それから半世紀余《よ》、オーストラリアSGIは大きく発展《はってん》した。その歴史を振《ふ》り返る。

10人に満たなかった黎明《れいめい》期

1964年5月13日、オセアニアへの第一歩を刻《きざ》んだ池田SGI会長は、シドニーで出迎《でむか》えてくれた一人《ひとり》の青年を真心から励《はげ》まし、「一人一人を自分以上の人材に育て、同志を着実に増やしていくことだ」[※1]と語った。

当時、オーストラリアにいた創価学会員は、10人にも満たなかった。日本の約20倍もの広大な国土をもつオーストラリアにおいて、当時のメルボルン支部は、〝世界で一番小さな陣容《じんよう》で、

世界で一番広い地域《ちいき》を擁《よう》する支部〟であったのだ。

しかし、池田会長は、ゆくゆくは各地に支部がつくられていくのだから、国名を支部名にするのはよそうと、オーストラリア支部ではなく、メルボルン支部とすることを提案《ていあん》。オーストラリア全土に日蓮仏法《にちれんぶっぽう》が広まる未来を、大きく展望《てんぼう》していたのである。

対話と社会的活動によって理解《りかい》の輪を広げる

オーストラリアは、多くの国からの移住《いじゅう》者を受け入れ、さまざまな文化と民族が融合《ゆうごう》する「多民族・多文化国家」

だ。

そのため、人びとが信ずる宗教《しゅうきょう》も多様だが、ＳＧＩが社会に広く認知《にんち》されるまでは、仏教《ぶっきょう》は座禅《ざぜん》や瞑想《めいそう》の、〝静《せい》寂《じゃく》の宗教〟というイメージで受け止められていた。そして、一部で創価学会に対して誤解《ごかい》と偏見《へんけん》に基《もと》づく報道《ほうどう》もなされていた。

オーストラリアＳＧＩは、そのような状況下《じょうきょうか》にあって、「一対一の対話」と広範《こうはん》にわたる社会活動によって、そうしたイメージを転換《てんかん》していったのである。

仏法の平和主義、生命尊厳《そんげん》の思想に基づく立場から、宗教間平和フォーラムや現代《げんだい》病のひとつである「うつ病」への理解をテーマとした人権《じんけん》シンポジウム「闇《やみ》から暁《あかつき》へ」、そして、仏法の哲学《てつがく》や英知《えいち》をわかりやすく紹介《しょうかい》した「生活に息づく仏法展《てん》」の開催。さらには音楽祭や絵画展、公共図書館などへの図書贈呈《ぞうてい》など、地域に平和・文化・教育による貢献《こうけん》を重ねてきた。

99（平成11）年、ＳＧＩの活動を間近で見てきたオーバーン市のリー・ラム市長は、「ＳＧＩが現実《げんじつ》の社会問題に取り組んでいることに感動しました。今まで、こんな団体《だんたい》に出あったことがありません！　ＳＧＩの活動をリードするＳＧＩ会長は『人間主義』に貫《つらぬ》かれた民衆指導者《みんしゅうしどうしゃ》です」※2と語り、そうした信頼《しんらい》は翌《よく》2000(平成12)年、池田会長への同市からの「名誉《めいよ》市民」称号《しょうごう》授与《じゅよ》へと結実する。

オーストラリアSGIは、今や同国全土に広がり、数十か国にわたる国々の出身者が互《たが》いに切磋琢磨《せっさたくま》しながら日々の活動に励んでいる。02(平成14)年には、国営《こくえい》テレビがSGIの平和運動を紹介する特集番組を放送し、番組内で「創価学会は、日常《にちじょう》生活とかけ離《はな》れた存在《そんざい》の既成《きせい》仏教と違《ちが》い、多くの人々の関心を引いている」※3と報《ほう》じた事実が、同国にSGIが広く根ざしていることを物語る。

14(平成26)年に開催されたSGIの「オセアニア広布《こうふ》50周年記念総会《そうかい》」の席上で、来賓《らいひん》のビクトリア州上院議員は語った。

「50年の歴史を経《へ》て、皆《みな》さまはオーストラリア社会に大きな影響《えいきょう》を与える団体へと発展されました。また、その連帯は、文化、人種の多様性を持たれており、まさに、多文化主義の成功例であると思います」※4

創価学会第二代会長・戸田城聖《とだじょうせい》が訴《うった》え、池田会長が受け継《つ》いだ「地球民族主義」の信念——。それをSGIは多文化社会のオーストラリアにおいても実践《じっせん》し、万人に備《そな》わる生命の輝《かがや》きを尊《とうと》び、対話によって人種や民族を超《こ》えた相互《そうご》理解を深めてきた。

今、その連帯は、多様な民族が仏法の理想を掲《かか》げて集《つど》い、団結《だんけつ》して進む〃人間主義の花園《はなぞの》〃となって、広がっている。

オーストラリアから池田SGI会長に贈《おく》られた主な名誉《めいよ》学術称号《がくじゅつしょうごう》・顕彰《けんしょう》

シドニー大学

The University of Sydney

名誉文学博士号

2000年

オーストラリア随一《ずいいち》の名門大学として、160年の歴史を誇《ほこ》る。「国境《こっきょう》や宗教《しゅうきょう》の差異《さい》を超《こ》えた、国際《こくさい》的対話の推進《すいしん》」「地球的問題群《ぐん》の解決《かいけつ》に対する貢献《こうけん》」など、世界市民としての活躍《かつやく》を称《たた》えた。日本人として初の名誉博士号。

シドニー平和財団《ざいだん》

Sydney Peace Foundation

金メダル

2009年

非暴力《ひぼうりょく》・人権《じんけん》・教育への国際貢献を称えた。理事長のスチュアート・リース氏とは、後に対談集『平和の哲学《てつがく》と詩心を語る』を発刊《はっかん》。

オーストラリア国際《こくさい》非暴力センター

International Centre of Nonviolence Australia

マハトマ・ガンジー国際賞

2014年

長年にわたる平和建設への世界的貢献を称えた。創立《そうりつ》者ガンビア・ワッツ氏はシドニー大学で開かれた「ガンジー・キング・イケダ――平和建設の遺産」展《てん》を鑑賞《かんしょう》し、池田会長の思想と行動に深い感銘《かんめい》を受けた。

【出典】※1「聖教新聞」2014年11月22日付　※2「聖教新聞」1999年11月27日付
※3「聖教新聞」2002年6月15日付　※4「聖教新聞」2014年5月14日付
写真提供＝アフロ

Column

エピソードで読み解く ネルー

「新時代」の章で、山本伸一はインドからの帰国直後、ジャワハルラル・ネルーの訃報《ふほう》に接《せっ》し、その生涯《しょうがい》に思いを馳《は》せる。マハトマ・ガンジーと共にインドを植民地支配《しはい》から解放《かいほう》し、戦後は初代首相《しゅしょう》としてインドの発展《はってん》と国際《こくさい》社会の融和《ゆうわ》に尽力《じんりょく》したネルーの人物像《ぞう》を、エピソードから辿《たど》る。

エリートの道を捨《す》て、民衆《みんしゅう》の海に飛び込《こ》む

◆裕福《ゆうふく》な家庭に生まれたネルーが、インド独立《どくりつ》に生涯をかける決意をするうえで大きな契機《けいき》となったのは、1920(大正9)年に困窮《こんきゅう》する農民の姿を目《ま》のあたりにしたことだった。

　弁護士《べんごし》だったネルーは、農民の一団《いちだん》から一度村へ来るよう誘《さそ》われ、泥《どろ》でつくられた粗《そ》末《まつ》な小屋に泊《と》まった。

　そこで、農民の悲惨《ひさん》な生活実態《じったい》にふれることで、初めて、当時の植民地主義《しゅぎ》、封建《ほうけん》主義、そして資本《しほん》主義という三重の抑圧《よくあつ》に苦しむ貧《まず》しき民衆の目線からインドを見たのであった。

　その時のことを、後年、次のように述懐《じゅっかい》している。

「裸《はだか》で、飢《う》えて、押《お》しつぶされ、とことんまでみじめな、ま新しいインドの構図《こうず》が私《わたし》の眼の前に浮《う》かんでくるようだった。(中略)私たちによせる農民たちの信頼感《しんらいかん》は、私の心を当惑《とうわく》させ、ぞくぞくするような新しい責任感《せきにんかん》で私の心を一杯《いっぱい》にした」(※1)

　青年時代に抱《いだ》いた「正義《せいぎ》の怒《いか》り」が、生涯、民衆と共に歩む道を選択《せんたく》させることになったのだ。

ガンジーとネルーの「師《し》弟《てい》の絆《きずな》」

◆ネルーは20歳《さい》離《はな》れたガンジーを「師《し》」と仰《あお》いで教えを求め、インド独《どく》立《りつ》のための行動を共にしてきた。独立闘《とう》争《そう》の途《と》上《じょう》で二人《ふたり》の意見が衝《しょう》突《とつ》することもしばしばあったが、ガンジーは、二人の間の亀《き》裂《れつ》が噂《うわさ》されたとき、次のような声明を出した。

「ネールは私の後《こう》継《けい》者となるだろう。二人の心は一つである。私が引《いん》退《たい》しても、ネールが私の言葉を語ってくれよう」（※2）

一方、ネルーの『自伝』は、多くのページをガンジーのために割《さ》き、また、ネルーがガンジーについて論《ろん》じた書《しょ》籍《せき》は、「われわれは（ガンジーと）同じ理想に向つて、同じ方法をもつて努力しなければならない。その時こそ初めてわれわれは『マハトマ・ガンジー・キ・ジャイ（マハトマ・ガンジーに勝利あれ）』と叫《さけ》び得《う》る資《し》格《かく》があるであろう」（※3）と二人の言葉で結ばれている。二人の師弟関係は、「互《たが》いの足りない部分を補《おぎな》い合うとともに、互いに触《しょく》発《はつ》し、高め合っていくという関係」（※4）とも評《ひょう》されている。考え方の相《そう》違《い》を超《こ》えて、インドの民衆のために心をひとつにして、独立への道を拓《ひら》いていったのだ。

「第三世界」のリーダーとして

◆インド初代首相兼《けん》外《がい》相《しょう》としてのネルーは、第二次世界大戦後、米ソの冷戦が激《げき》化《か》する渦《か》中《ちゅう》にあって、大国の思《おも》惑《わく》に関係なく、国際政治の場でインドの立場を率《そっ》直《ちょく》に表明し、大国との軍事同《どう》盟《めい》を拒《こば》むなど、「ネルー外交」とも評されたインドの平和主義を1950年代の世界に向けて、明《めい》確《かく》に発信した。また、反植民地主義の立場から、これまで欧米諸国《おうべいしょこく》の支配を受けていた「第三世界」諸国のリーダーとしての役割《やくわり》を果たそうとした。

1955（昭和30）年にインドネシアのバンドンに29か国の代表が集《つど》った「アジア・アフリカ会議」においてネルーは、会議を締《し》めくくる演説《えんぜつ》で訴《うった》えた。

「アジア・アフリカは姉妹《しまい》大陸でありますから、全能力《のうりょく》をつくして、アフリカに支援《しえん》の手をさしのべることはアジアの責務《せきむ》であります」（※5）

アジア・アフリカ各国の相次ぐ独立の時代にあって、それらの国々が連帯して新しい世界を築いていこうとする力強い決意が見てとれる。

獄中《ごくちゅう》で研鑽《けんさん》に励《はげ》み、大著《たいちょ》を執筆《しっぴつ》

◆独立への途上、ガンジーが長きにわたって獄中闘争を繰《く》り広げたように、ネルーも通算7回、延《の》べ9年間にも及《およ》ぶ日々を獄中で過《す》ごした。そして、獄中で大量の書物を読んで深い研鑽を積むと共に、歴史に残る書物も執筆している。

そのひとつが、当時まだ10代であった娘《むすめ》インディラ（のちのインド首相）への手紙の形で綴《つづ》られた、古代から現代《げんだい》に至《いた》る世界史講義《こうぎ》である。日本でも、『父が子に語る世界歴史』のタイトルで刊行《かんこう》され、現在《げんざい》まで読み継《つ》がれている。

また、ネルーの『自伝』も獄中で執筆されたものである。

57歳《さい》で首相となり、74歳で亡《な》くなるまでその要職《ようしょく》にあったネルーには、「老後」などなかった。最期《さいご》の日まで闘《たたか》い抜《ぬ》いたのだ。ネルーの遺灰《いはい》は、遺言《ゆいごん》に従《したが》って生地・アラハバードでガンジス川に流され、残りは飛行機で「母なるインドを支《ささ》えるインド農民の働く大地」（※6）（遺言の一節）に撒《ま》かれた。

【出典】※1、5、6『ネルー 人と思想32』（中村平治 著）清水書院　※2『人物現代史11 ネール』（大森実 著）講談社
※3『マハトマ・ガンジー』（ジャワハルラル・ネルー 著、ガンジー平和連盟 訳）朝日新聞社
※4『母なるガンディー』（山折哲雄 著）潮出版社

Column

世界51か国・地域《ちいき》に広がる
SGI機関紙

**インドのボンベイ（現ムンバイ）からニューデリーへ向かう機中、
山本伸一の提案《ていあん》により、海外初となるアメリカの機関紙名を
「ワールド・トリビューン」とすることが決定する。
1964（昭和39）年8月15日の創刊《そうかん》より半世紀が過《す》ぎ、
SGIの機関紙は現在《げんざい》では51か国・地域で89の刊行《かんこう》物にまで広がり、
さまざまな言語で仏法《ぶっぽう》の人間主義《しゅぎ》を伝えている。
そのいくつかを紹介《しょうかい》しよう。**

「新時代」の章の山本伸一の平和旅で見てみると、フィリピンでは「パガサ」（月刊誌《げっかんし》）、オーストラリアでは「インディゴ」（月刊誌）、インドでは「バリュー・クリエーション」（月刊誌）が刊行されている。

　題号も「ソウカ」「セイキョウ」と日本語由来のもの、価値創造《かちそうぞう》に由来する語「バリュー（価値）」「クリエーション（創造）」のほか、「ルネサンス」「ドーン（夜明け・黎明《れいめい》）」とさまざまだ。

EUROPE

イギリス	アート・オブ・リビング	月刊誌

……2001（平成13）年7月号より、それまでの「UKエクスプレス」を改題し、発刊《はっかん》。充実した信仰体験や教学の解説《かいせつ》など、仏法に初めてふれる人にも親しみやすい内容《ないよう》となっている。

イタリア	イル・ヌオーボ・リナシメント	月2刊誌
ドイツ	エクスプレス	月刊紙
スペイン	シビリサシオン・グロバル	月刊誌

ASIA

韓国	和光新聞	週刊紙

……1991（平成３）年に「聖教タイムズ」として創刊され、97（平成9）年に現在の名称《めいしょう》に改題。

16面建てで、国内の週刊紙としては最大規模《きぼ》の発行部数を誇《ほこ》る。

台湾	創價新聞	週2刊紙
香港	黎明聖報	週刊紙
タイ	サン・クンカー	月刊誌
カンボジア	ドーン・オブ・カンボジア	隔月誌
シンガポール	クリエーティブ・ライフ	月刊誌
インドネシア	ソウカ・スピリット	月刊誌
マレーシア	コスミック	月刊誌

NORTH AMERICA

アメリカ	ワールド・トリビューン	月3刊紙

……池田SGI会長の発案によって〝世界の護民官《ごみんかん》〟を意味する紙名を冠《かん》した、海外初の機関紙。

日本語を含《ふく》む多言語に翻訳《ほんやく》されている。

カナダ	ニュー・センチュリー	月刊誌

LATIN AMERICA

ブラジル	ブラジル・セイキョウ	週刊紙

……1965（昭和40）年5月3日に「ノーヴァ・エラ（新世紀）」として創刊され、翌《よく》66（昭和41）年、ブラジルを訪問した池田会長の提案により「ブラジル・セイキョウ」に改題。

軍事政権《せいけん》時代の弾圧《だんあつ》にも屈《くっ》せず発刊を続けた。

メキシコ	メキシコ・セイキョウ	月刊紙
パナマ	プエンテ・デ・パス	月刊誌
ドミニカ共和国	トリブーナ・ドミニカーナ	月刊誌
チリ	フォルトゥーナ・デ・チレ	月刊誌
アルゼンチン	アルゼンチン・セイキョウ	月2刊紙
ペルー	ペルー・セイキョウ	週刊紙

AFRICA

カメルーン	レゾナンス	月刊誌

……2003(平成15)年に創刊。
誌名は「共鳴」を意味し、
「妙法《みょうほう》という宇宙《うちゅう》のリズムとの共鳴、
また池田会長との師弟《してい》の魂《たましい》の共鳴を」との意義《いぎ》が
込められている。

ザンビア	ロータス・プレス	季刊誌
南アフリカ	ライフ・トゥ・ライフ	季刊誌

OCEANIA

オーストラリア	インディゴ	月刊誌

……1969(昭和44)年に発行された機関紙に淵源《えんげん》をもち、
2004(平成16)年に現在の名称で創刊。
インディゴとは「青藍《せいらん》」の意で、「師匠《ししょう》の構想《こうそう》を自分たち弟子《でし》が
実現《じつげん》していく」との決意が込《こ》められている。

ニュージーランド	タイ・アロヌイ・ブディズム・イン・フォーカス	月刊誌

※「紙」は新聞の形態、「誌」は雑誌の形態　※ソーシャルメディアを使った情報発信を行っている機関紙もある。
撮影=雨宮 薫

鳳雛の章

「鳳雛」たちへの池田SGI会長の思い

「鳳雛《ほうすう》」の章に描《えが》かれた、未来部の黎明期《れいめいき》——。
そこに込《こ》められた、
池田SGI会長の熱い期待とは、
どのようなものだったのか?

はるか未来を見据《す》えての結成

「鳳雛」の章は、１９６４（昭和39）年6月の男子部幹部《かんぶ》会の席上での、高等部・中等部設置《せっち》の発表から始まる。そして、高等部結成前後の模様《もよう》を中心に、山本伸一《やまもとしんいち》が若《わか》き後継者《こうけいしゃ》たちを、創価学会の未来を担《にな》う「鳳雛」（鳳凰《ほうおう》の雛《ひな》）ととらえ、手塩にかけて育成していった様子が、つぶさに描《えが》かれている。

創価学会第二代会長・戸田城聖《とだじょうせい》は、

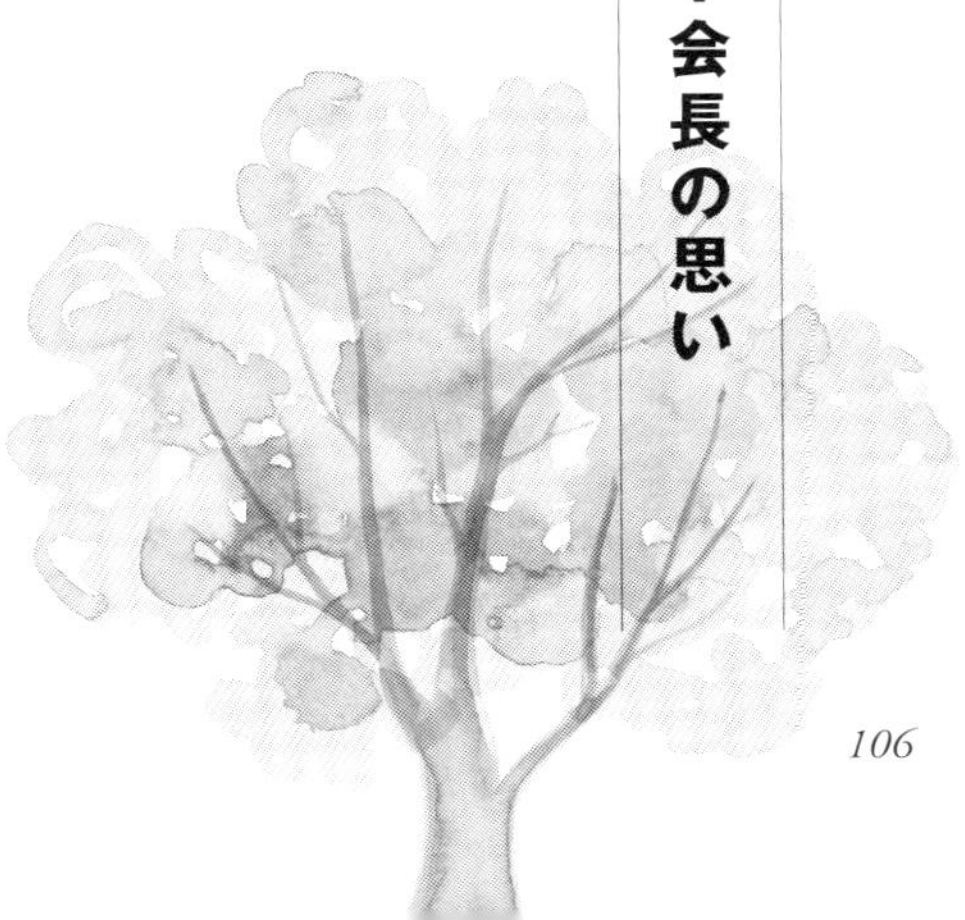

「高等部」「中等部」の設置を報じる新聞を見て喜ぶメンバーたち

会長に就任《しゅうにん》すると、すぐに「青年部」を結成し、広宣流布《こうせんるふ》の未来を彼《かれ》らに託《たく》した。

そして、後継の池田ＳＧＩ会長は、第三代会長に就任すると、64年6月には高等部（高校生が対象）を、翌《よく》65（昭和40）年1月には中等部（当初は中学生と小学5・6年生が対象。のちに中学生のみが対象に）を結成したのだ。

高等部が結成され、その育成に全力を傾《かたむ》ける決意を池田会長が語ったとき、あるリーダーは〝そこまで力を入れる必要があるのでしょうか？〟と発言したという。はるか未来を見据えて手を打つ池田会長の思いが理解《りかい》できなかったのだ。

池田会長は後年、「鳳雛」たちに託した期待を、随筆《ずいひつ》に綴《つづ》っている。

「私は、第三代会長になった時から、〝わが人生の勝負は二十一世紀だ〟と、心中深く決意していた。

ゆえに広宣流布《こうせんるふ》の先の先を見つめて、高等部、中等部、少年部という未来部を、いち早く結成していった」※1
また、高等部結成翌年に全国高等部長に就任したリーダーには、次のように語ったという。

「高等部にとって、良いと思うことは、何でもやりなさい。どんどんやりなさい。21世紀に、誰《だれ》が広宣流布を、学会精神《せいしん》を伝えていくのか。それは、今の高等部、中等部のメンバーに頼《たの》むしかないじゃないか」※2
そして、当時の青年部長に、「青年部のなかで、もっとも力ある人材を担《たん》当《とう》者に」※3と依頼《いらい》したという。

数十年先を見据え、創価学会の総力《そうりょく》を挙げて、後継育成の闘《たたか》いが本格《ほんかく》的に始まったのだ。

「新時代を築《きず》きゆけ」と、後継の使命託す

「苗《なえ》を植えなければ、木は育たない。大樹《たいじゅ》が必要な時になって苗を植えて

も、手遅《ておく》れだ。手を打つべき時を逃《のが》してはならない。そして、最も心を砕《くだ》き、力を注がなくてはならないのは、苗を植えた時です」（「鳳雛」の章）

この言葉どおり、「苗を植えた」結成当時、池田会長は激務《げきむ》のなかで時間をこじ開けるように、育成に力を注いでいった。

１９６４年６月７日、池田会長は東京第２本部（当時）の高等部結成式に出席。スピーチの中で次のように訴《うった》えた。

「中等部も、高等部も、あくまでも大事な学問をさせるのが、基本《きほん》の指導《しどう》になります。それはとうぜん根本《こんぽん》は信心です」※4

「高校一年といえば、昔なら元服《げんぷく》です。ですから、大きく将来《しょうらい》の学会指導者に、民衆《みんしゅう》の指導者に、世界の指導者になっていくための種を植えていくのです」※5

「勉学第一」との指針《ししん》、そして、〝一人ひとりが各々《おのおの》の使命の舞台《ぶたい》で、未来の大指導者に成長しゆけ〟との期待は、現在《げんざい》に至《いた》るまで一貫《いっかん》している。

たとえば、「大白蓮華《だいびゃくれんげ》」65年11月号に池田会長が「巻頭言《かんとうげん》」として寄稿《きこう》した、高等部員たちへの指針「鳳雛よ未来に羽ばたけ」にも、「信心根本に、唱題を数多く実践《じっせん》し、知恵《ちえ》をみがき、生命力豊《ゆた》かな健康体にて、ただ今は『勉学第一』で、広く知識《ちしき》を求め、将来の大成を期してゆかれんことを、心から願望するものである」との一節がある。

そして１９６６（昭和41）年には、池田会長自らによる、男女高等部代表への御書講義《ごしょこうぎ》も開始された。

「鳳雛」の章では、同年7月16日に開かれた鳳雛会・鳳雛グループ（男女高等部の代表で結成された人材育成グループ）の野外研修《けんしゅう》の席上、山本伸一が、参加者を励ます様子が描かれている。

「自ら大使命に生き抜《ぬ》いていこうという一念、努力がなければ、結果として、使命の芽は、出ては来ない」「どうか、歯を食いしばり、努力を重ねて、使命を果たしていただきたい」（「鳳雛」の章）

〝新時代を築きゆく後継の使命を果たしてほしい〟――未来部員たちへの池田会長の思いは、当時も今も変わらない。

その期待に応《こた》え、黎明期の高等部・中等部から育った鳳雛たちは、今や日本全国、そして世界で、各分野のリーダーとなって時代を牽引《けんいん》している。

【出典】※1『池田大作全集』第137巻 随筆「人間世紀の光」 ※2「大白蓮華」2010年11月号
※3『池田大作全集』第129巻 随筆「新・人間革命」 ※4、5『創価学会高等部指導集 世紀の走者』聖教新聞社

苦学の友への渾身《こんしん》の励《はげ》まし

「鳳雛」の章に描《えが》かれたような「働きながら学ぶ友」への励ましを、池田SGI会長は積み重ねてきた。その一端《いったん》を紹介《しょうかい》しよう。

「これも修行《しゅぎょう》ぞ　苦は楽し」

「伸一《しんいち》は、定時制《ていじせい》高校に通う高等部員の育成にも、心を砕《くだ》いてきた。『大白蓮華《だいびゃくれんげ》』の巻頭言《かんとうげん》『鳳雛よ未来に羽ばたけ』の中でも、伸一は、定時制

高校生に光を当て、その尊《とうと》き青春の生き方を讃《たた》えている」

「鳳雛」の章では、そのような記述《きじゅつ》に続いて、山本伸一が定時制高校に通う高等部員たちを励ます様子が描かれている。

池田SGI会長は、人一倍苦労し、

働きながら懸命《けんめい》に学ぶ友への激励《げきれい》を、常《つね》に大切にしてきた。その事例は枚挙《まいきょ》にいとまがない。

たとえば、1968（昭和43）年のある夜の、京都での出来事――。

関西を訪問《ほうもん》していた池田会長の乗った車が、信号待ちをしていたとき、偶然《ぐうぜん》、夜間部に通う高等部員2人の乗ったバイクと行きあった。その夜、車窓《しゃそう》越《ご》しに簡単《かんたん》な言葉を交《か》わしただけで、2人が夜学生であることに気づいた会長から、それぞれの自宅《じたく》に直筆の励ましの言葉が記された本が届《とど》けられた。

そして、交差点での一瞬《いっしゅん》の出会いから始まった激励は、その後、幾度《いくど》にもわたった。

また、73（昭和48）年の夏、池田会長が静岡を訪問していたときのこと。激務《げきむ》のなか、わずかな時間の空きが生じたとき、池田会長は居合《いあ》わせたリーダーに、「（最寄《もよ》りの）富士宮《ふじのみや》会館には今、誰がいるのか」[※1]と尋《たず》ねた。ちょうど、定時制や通信制で学ぶ高等部員たちが会合を開いていた。

そのことを聞くと、すぐさま会館に向かい、集《つど》っていたメンバーたちと懇談《こんだん》、一人ひとりに状況《じょうきょう》を聞き、激励したという。

車で会館に向かう際《さい》、池田会長はその心情《しんじょう》を語っている。

「夜学生は苦労している。その尊い心は、私《わたし》が一番よくわかる。私も夜学び、疲労《ひろう》した体で、昼間の仕事に涙《なみだ》した思い出があるんだもの……」[※2]

池田会長は若《わか》き日に、自らも働きながら夜学に学ぶ日々を送った。やがて、師《し》の戸田城聖《とだじょうせい》（創価学会第二代会長）を支《ささ》えるため、夜学も断念《だんねん》せざるを得なくなった。

そのような経験《けいけん》が背景《はいけい》にあってこそ、苦学の友へのエールにも力がこもるのだ。

創価大学の通信教育部の開設についても、創立構想《そうりつこうそう》の当初から、「働く青年や、なにかの事情《じじょう》で大学へ進学できなかった人々に、勉学の機会を与《あた》えることができたらと熱望[※3]」していたという。

その望みは、開学から5年後の76（昭和51）年5月に叶《かな》えられた。池田会長はのちに随筆《ずいひつ》で、そのことを「待ちに待った『第二の開学』ともいうべき慶《けい》事《じ》であった[※4]」と表現している。

池田会長が22歳《さい》の青年だったころ、横浜・鶴見《つるみ》の学会員宅を訪問し、その家の10代半ばの息子《むすこ》に贈《おく》った一編《いっぺん》の詩がある。彼《かれ》は家計を助けるため、ひとり他県に出て、働きながら学んでいた。

即興《そっきょう》で綴《つづ》られた詩は、次のような一節で始まっていた。

友よ強く雄々《おお》しく立てよ
　僕《ぼく》が信ずる君が心を
苦しき仕事　深夜の勉強
　これも修行ぞ　苦は楽し――※5

この詩がいつしか、働きながら学ぶ友を励ます詩として、学会員の間に広まっていった。そしてのちに、学生部員の手で曲がつけられ、夜学生の愛唱歌「友よ強く」となる。

ひとりの少年を励ますために若き日の池田会長が綴った詩が、夜学生たちを、ひいては人生の苦境《くきょう》に挑《いど》みつつ学ぶすべての人を鼓舞《こぶ》する詩・歌となったのだ。

夜学生たちに希望と誇《ほこ》りを教える

創価学会初代会長・牧口常三郎《まきぐちつねさぶろう》も、第二代会長・戸田城聖も、若き日に働きながら学んだ苦学の経験を共通してもっている。

牧口は、教員になるための師範《しはん》学校に通う以前、北海道・小樽《おたる》警察署《けいさつしょ》の給仕《きゅうじ》として4年間働いた。その間、暇《ひま》さえあれば読書に余念《よねん》がなかったその姿《すがた》から、「勉強給仕」のニックネームがついたという。

そして、後年、小学校の校長になってから夜学校の校長も兼任《けんにん》するなどし、働きながら学ぶ者に慈愛《じあい》のまなざしを注ぎ続けた。

戸田も、15歳のときから札幌《さっぽろ》の「小六商店」に「小僧《こぞう》」として住み込《こ》みで働き、労働の合間に勉強を続けた。また、働きながら正教員の資格《しかく》を取ったのは、18歳のときであった。

池田会長は、苦学の友への激励のスピーチの中で、創価学会三代の会長が共通して〝働きながら学ぶ青春〟を送ったことに、しばしば言及《げんきゅう》してきた。

たとえば、1968年8月14日に行われた第10回高等部定時制部員会に池田会長が贈ったメッセージには、次のような一節があった。

「恩師《おんし》戸田先生も私も、青春時代に夜学に通い、厳《きび》しい苦闘《くとう》を経験しております。だが、私は、この経験をわが人生のかけがえのない宝《たから》であると思っております。苦闘を知らないものが、どうして真実の指導者《しどうしゃ》として、あらゆる人々をリードしていくことができえましょうか※6」

働きながら学ぶ青春は、苦しいが尊い――池田会長は、折々にそのようなメッセージを贈り、多くの夜学生たちに希望と誇りを教えてきたのだ。

【出典】※1、2『民衆こそ王者　池田大作とその時代』Ⅵ（「池田大作とその時代」編纂委員会）潮出版社
※3、4『池田大作全集』第126巻 随筆「大道を歩む」
※5『池田大作全集』第39巻 詩歌・贈言　※6『創価学会高等部指導集 世紀の走者』聖教新聞社
【参考文献】「第三文明」2013〜2016年連載「創価教育の源流」

山本伸一が高等部員に薦《すす》めた
世界の名作

**「鳳雛」の章で、山本伸一は高等部員たちに世界の名作を薦める。
そこで挙げた作品を含《ふく》め、若き日の
池田SGI会長が心肝《しんかん》に染《そ》めた名作を紹介《しょうかい》する。**

『ナポレオン』
鶴見祐輔著

「諸君《しょくん》は、今のうちに、たくさん本を読んでおきなさい。今日は、私が青春時代に読んだ『ナポレオン』（鶴見祐輔《つるみゆうすけ》著《ちょ》）の本を持って来たので、みんなで回し読みしてはどうだろうか」。「鳳雛」の章で、鳳雛会・鳳雛グループの研修会の席上、山本伸一はそう言って、参加者に本を渡《わた》す。鶴見祐輔（哲《てつ》学《がく》者・鶴見俊輔《しゅんすけ》の父）は昭和期の政治《せいじ》家・官僚《かんりょう》で、厚生《こうせい》大臣などを務《つと》めたが、優《すぐ》れた作家でもあり、多くの著作《ちょさく》を残した。

　特に、人物伝は評価《ひょうか》が高い。『ナポレオン』もその一つで、詩的で格調《かくちょう》高い文章で書かれた偉人《いじん》伝である。希代の英雄《えいゆう》ナポレオン・ボナパルトの生涯《しょうがい》を、その少年時代から辿《たど》っている。戦争の描写《びょうしゃ》だけでなく、ナポレオンやその母などの人物描写に重きを置いている点が、本作の特徴《とくちょう》だ。「青年時代には偉人伝など伝記を多く読んで、歴史の勉強をするとよい」（※1）——戸田城聖（創価学会第二代会長）は、青年たちによくそう言っていたという。

　恩師《おんし》のその言葉に応えて、20代前半の池田SGI会長は、古今東西の偉人伝を数多く読んだ。『ナポレオン』もその一つであった。

『草の葉』

ウォルト・ホイットマン著

『草の葉』は、アメリカの「国民詩人」と謳《うた》われたウォルト・ホイットマンの代表作である。

ホイットマンは36歳《さい》のときに詩集『草の葉』の初版《しょはん》を自費出版《しゅっぱん》し、72歳で亡《な》くなる前年に刊行《かんこう》した第9版に至るまで、改訂《かいてい》を繰《く》り返した。

版を新たにするごとに収録《しゅうろく》作品は増《ふ》え、最後の版には400編《へん》近い詩が収《おさ》められている。

アメリカの思想家エマソンは、ホイットマンに宛《あ》てた手紙の中で、この詩集は「太陽光線」のごとく、「確固《かっこ》として人を鼓舞《こぶ》する」と称賛《しょうさん》した。

「〝女性《じょせい》〟を〝男性〟と平等《びょうどう》にわたしは歌う」（「〝人の自主〟をわたしは歌う」）

――このような一節が示《しめ》すように、ホイットマンの詩は、偏見《へんけん》や差別から自由な、民衆讃歌《さんか》・人間讃歌であった。小学校5年までしか学校に通えず、働きながら独学《どくがく》で文学を学び、民衆の中に生きたホイットマンは、「民衆の誰もが共鳴しうる『人間の詩』」（※2）を書き続けた。

池田会長は23歳のときに初めて『草の葉』を読み、非常《ひじょう》に強い印象を受けた。のちに同書について、「この本は、私の青春とともにあった。二十代の私にとって、この書は勇気・未来・熱情《ねつじょう》を心に吹《ふ》きかけてくれたものだ」（※3）と述懐《じゅっかい》しているほどである。

『九十三年』

ビクトル・ユゴー著

「鳳雛」の章に登場する名作の3冊目が、『九十三年』。『レ・ミゼラブル』などで知られる19世紀フランスの文豪《ぶんごう》ビクトル・ユゴーが70歳のときに書いた、彼にとって最後の小説だ。

題名である『九十三年』とは、1793年のこと。フランス革命《かくめい》期のこの年に起きた、ヴァンデ地方のカトリック王党派《おうとうは》による反乱《はんらん》——「ヴァンデ反乱」を描いた小説で、鎮《ちん》圧《あつ》に向かった共和国軍との衝突《しょうとつ》が繰り返され、多くの民《たみ》が犠牲《ぎせい》となった。

ユゴーは「ヴァンデ反乱」を、立場の異《こと》なる3人の主人公を通して描いた。

反乱軍の首領《しゅりょう》ラントナック、鎮圧軍の若き将軍《しょうぐん》ゴーヴァン、そして、共和国政府《せいふ》から戦場に派遣《はけん》された元神父シムールダンである。

3人の姿《すがた》を通して、革命というもののもつさまざまな側面が活写《かっしゃ》される。

ユゴー自身の思想は、民衆を犠牲にしない「理想と精神《せいしん》の共和国」をめざしたヒューマニズムの革命家・ゴーヴァンに託されている。

『永《えい》遠《えん》の都』

ホール・ケイン著

1951（昭和26）年、若き日の池田会長が師・戸田城聖から贈《おく》られた書が、この『永遠の都』であった。

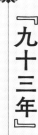

池田会長は男子部14人のメンバーと、順にこの本を読み、戸田を囲んで感想発表の会をもった。タイトルの『永遠の都』とは、イタリアの首都ローマの別名。この小説は、1900年のローマを舞台《ぶたい》にした革命劇《げき》である。

当時の「イタリア王国」は、ヨーロッパ列強下にあって独立《どくりつ》が脅《おびや》かされる一方、政治権力《けんりょく》と教会権力

『モンテ・クリスト伯』

アレクサンドル・デュマ著

「鳳雛」の章で、山本伸一は高等部員たちに、19世紀フランスの文豪、アレクサンドル・デュマ（同名の作家である息子《むすこ》と区別するため、大デュマと呼ぶ）の代表作『三銃士《さんじゅうし》』を薦める。池田会長の著作『若き日の読書』では、大デュマのもうひとつの代表作『モンテ・クリスト伯』が取り上げられている。

1846年に完結したこの作品は、新聞連載《れんさい》中にはフランス中を夢《む》中《ちゅう》にさせたという人気作であった。日本でも、明治時代に黒岩涙香《くろいわるいこう》によって『巌窟王《がんくつおう》』の題で翻訳《ほんやく》され、以後、広く親しまれた。主人公は、青年航海士エドモン・ダンテス。

彼の出世を妬《ねた》んだ友人たちの謀《ぼう》略《りゃく》によって、政府転覆《てんぷく》をもくろむ国事犯《はん》として無実の重罪《じゅうざい》を着せられ、終身刑《けい》の判決《はんけつ》を下されてしまう。

14年後、ダンテスは絶海《ぜっかい》の孤島《ことう》の石牢《いしろう》から脱獄《だつごく》する。そして、「モンテ・クリスト伯」と名を変えて、自らを追いやった者たちへの復讐《ふくしゅう》を遂《と》げていく……。復讐の物語でありながら血生臭《なまぐさ》い陰湿《いんしつ》さはなく、不《ふ》屈《くつ》の意志《いし》で目的に向かって邁進《まいしん》していく主人公の活躍《かつやく》に胸躍《むねおど》る物語である。

の二重の圧政《あっせい》により、民衆は飢餓《きが》や重税《じゅうぜい》などに苦しめられていた。

主人公の若き革命家デイビッド・ロッシィは、圧政から民衆を救うべく、独裁者《どくさいしゃ》ボネリ宰相《さいしょう》に闘いを挑《いど》む。

ロッシィと無二の同志《どうし》ブルーノ・ロッコとの熱き友情《ゆうじょう》と、革命に殉《じゅん》じたロッコの壮絶《そうぜつ》な死、ヒロインのドンナ・ローマとのロマンスなどが描かれ、物語はドラマチックに展開《てんかい》する。

そして、ロッシィがついにボネリ政権《せいけん》を倒《たお》し、国王から首班《しゅはん》指名を受けて、麗《うるわ》しき「人間共和」の「永遠の都」への扉《とびら》を開くところで、ストーリーは終わる。

【出典】※1〜3『池田大作全集』第23巻 随筆「若き日の読書」「続・若き日の読書」　撮影＝本浪隆弘

Column

中等部・高等部のあゆみ

「鳳雛」の章で描《えが》かれる中等部、高等部の結成から
50年以上を経て、高等部の1期生には、70代を迎《むか》えた人もいる。
ここでは結成以降《いこう》の主な出来事を世代別にまとめた（2018年現在）。
さまざまな世代が集《つど》う座談会《ざだんかい》は、中等部、高等部の歴史の縮図《しゅくず》。
自身の未来部時代の思い出を語り合ってみるのもいいかもしれない。

PLAY BACK 中等部・高等部時代

高等部1期生の人も

今、70代の人

高等部結成 ……*1964*年

今、60代の人

♪ 高等部歌「希望の歌」 ……*1965*年

♪ 定時制高等部愛唱歌「我が青春譜」 ……*1968*年

創刊

中等部「**小中学生文化新聞**」 ……*1967*年
２年後「中学生文化新聞」に

高等部「**鳳雛ジャーナル**」 ……*1968*年
翌年「高校新報」に改称

創価学園が開校 ……*1968*年

詩「**大いなる希望**」
中学生文化新聞に発表 ……*1970*年

♪ 中等部歌「未来への誓い」 ……*1970*年

今、50代の人

♪ 高等部歌「正義の走者」 ……1978年

♪ 中等部愛唱歌「希望の21世紀」 ……1979年

今、40代の人

♪ 中等部歌「光の世紀へ」 ……1985年

小説 連載開始

「アレクサンドロスの決断」
「ヒロシマへの旅」 ……1986年

「革命の若き空」
「フィールドにそよぐ風」 ……1988年

今、30代の人

♪ 中等部歌「勇気の一歩」 ……1995年

連載開始

「青春対話」 ……1996年
「希望対話」 ……2000年

長編詩「若き君よ 勝ちまくれ！
青春は人生の一生の土台」発表 ……2002年

今、20代の人

♪「正義の走者」が未来部歌に
♪「勇気の一歩」が未来部愛唱歌に ……2010年

「未来対話」が紙面を飾った

創刊

「未来ジャーナル」 ……2012年

HISTORY

中等部・高等部の歴史

1964年 （昭和39）	高等部が結成
1965年 （昭和40）	中等部が結成。◆**5つの指針《ししん》**を発表 高等部が学生部から独立《どくりつ》。初の全国高等部員会を開催《かいさい》 ◆**「大白蓮華《だいびゃくれんげ》」**に、**「鳳雛よ未来に羽ばたけ」**を寄稿《きこう》
1966年 （昭和41）	高等部の代表への御書講義《ごしょこうぎ》、開始 高等部に鳳雛会、鳳雛グループを結成 第1回定時制高等部員会、開催
1967年 （昭和42）	小中学生を対象とした「小中学生文化新聞」が創刊（2年後に「中学生文化新聞」として独立）
1968年 （昭和43）	◆第1回高等部総会《そうかい》で、**「未来に羽ばたく使命を自覚するとき、才能《さいのう》の芽は、急速に伸《の》びることができる」**などの5項目《こうもく》の指針を発表 高校生を対象とした**「鳳雛ジャーナル」**創刊（翌年《よくねん》、「高校新報《しんぽう》」に改称《かいしょう》）
1970年 （昭和45）	◆**「中学生文化新聞」**で、詩**「大いなる希望」**発表 **「東京未来会」**第1期を結成。以降、各地域《ちいき》で結成
1971年 （昭和46）	◆**「藍青会《らんしょうかい》」**結成式で、詩**「メロスの真実」**発表
1974年 （昭和49）	◆**「高校新報」**に、詩**「時は走る」**を寄稿
1976年 （昭和51）	未来部の勤行《ごんぎょう》会の席上、5月5日を**「創価学会後継者《こうけいしゃ》の日」**とすることが発表 各グループの記念日決まる（6月7日高等部結成記念日、6月28日未来会の日、7月16日鳳雛会の日）

1978年（昭和53）	新・高等部歌**「正義の走者」**発表
1986年（昭和61）	◆**「高校新報」**で、小説**「アレクサンドロスの決断」**連載開始
	◆**「中学生文化新聞」**で、短編小説**「ヒロシマへの旅」**連載開始
1988年（昭和63）	◆**「高校新報」**で、小説**「革命の若き空」**連載開始
	◆**「中学生文化新聞」**で、短編小説**「フィールドにそよぐ風」**連載開始
1995年（平成7）	新・中等部歌**「勇気の一歩」**発表
	青年部の未来部担当者《たんとうしゃ》を**「二十一世紀使命会」**と命名
1996年（平成8）	◆**「高校新報」**で、**「青春対話」**連載開始
2000年（平成12）	◆**「聖教《せいきょう》新聞」「中学生文化新聞」**で、**「希望対話」**連載開始
2002年（平成14）	◆長編詩**「若き君よ 勝ちまくれ！ 青春は人生の一生の土台」**発表
2010年（平成22）	**「正義の走者」**が未来部歌、**「勇気の一歩」**が未来部愛唱歌に
2012年（平成24）	中高生を対象とした「未来ジャーナル」が創刊。 **「未来対話」**連載開始
2014年（平成26）	◆**「未来ジャーナル」**で、**「未来の翼《つばさ》」**連載開始
	高等部結成50周年
2015年（平成27）	中等部結成50周年
2017年（平成29）	◆**「未来ジャーナル」**で、**「未来対話『夢の翼』」**連載開始

◆は、池田SGI会長が執筆した小説や詩など

【参考文献】『創価学会高等部指導集　世紀の走者』聖教新聞社／『未来への誓い』聖教新聞社／
『池田大作全集』第129巻 随筆「新・人間革命」／「聖教新聞」2015年5月6日付／
「中学生文化新聞」2012年3月18日付、「未来ジャーナル」2015年1月1日付／
未来部希望ネットウェブページ

Column

「鳳雛」の章
当時の若《わか》者《もの》事《じ》情《じょう》

**高等部、中等部結成が描《えが》かれる「鳳雛」の章。
当時の中学生・高校生が置かれた社会状況《じょうきょう》は、
現代《げんだい》と異《こと》なっているところも多い。
いくつかの数字でその違《ちが》いを見てみよう。**

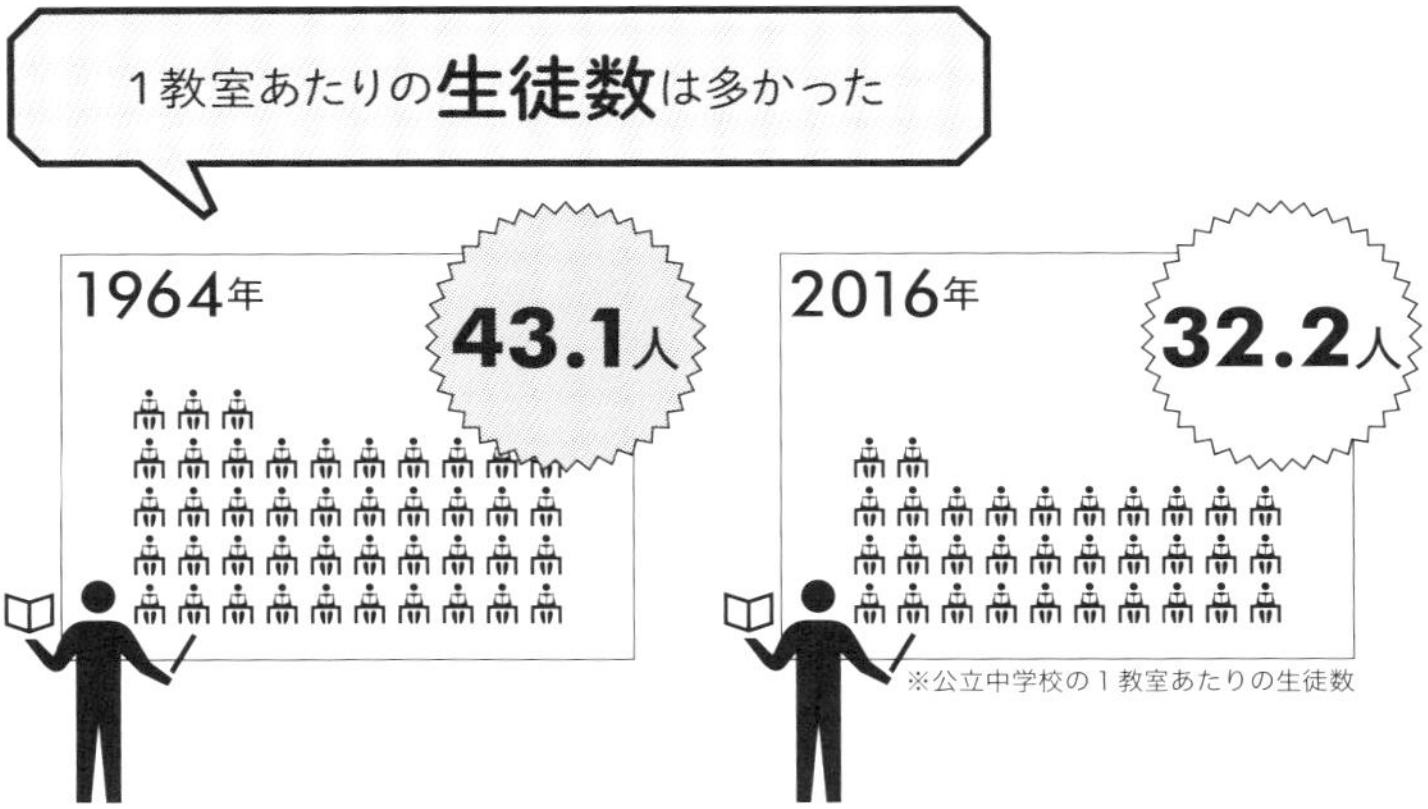

※公立中学校の1教室あたりの生徒数

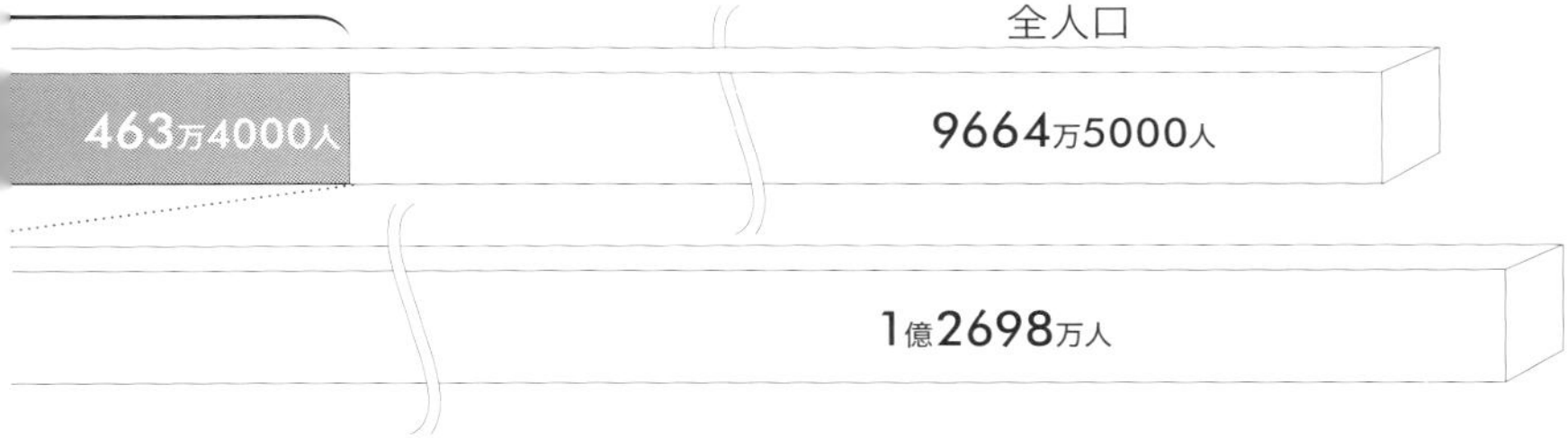

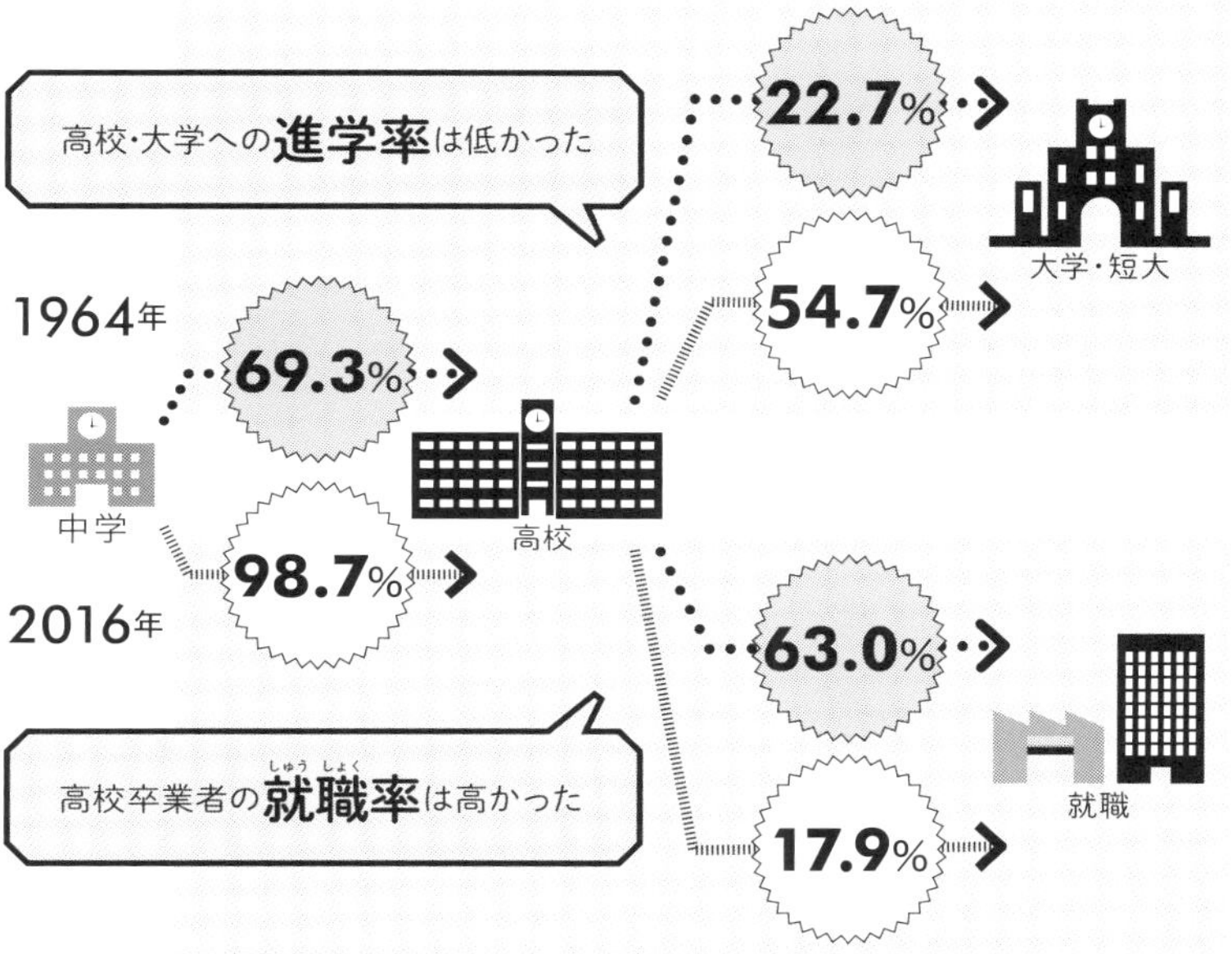

【参考文献】文部科学省ウェブサイト「学校基本調査」

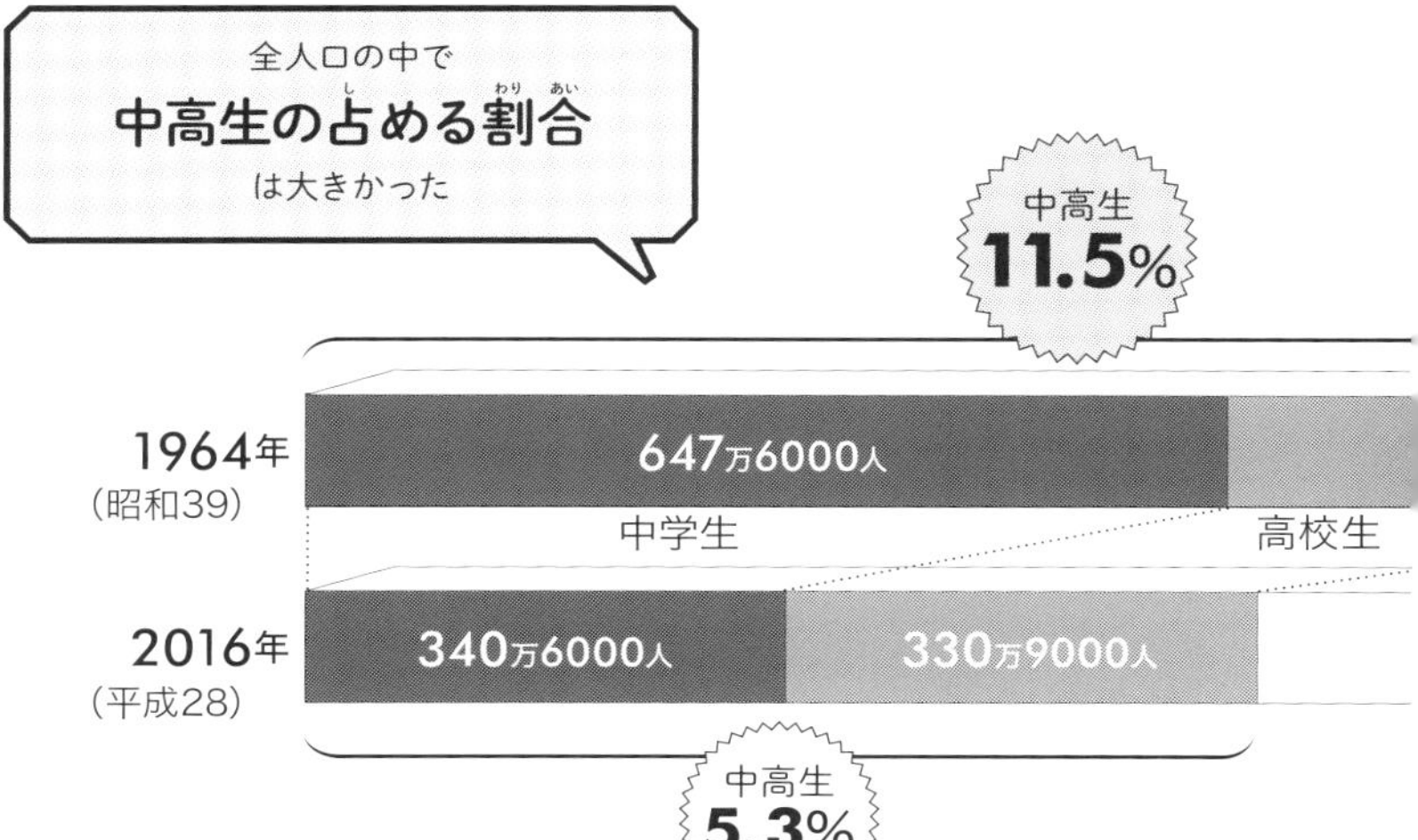

※百の位、小数第2位を四捨五入
【参考文献】厚生労働省ウェブサイト「人口動態調査」

青少年白書が描《えが》いた当時の少年犯罪《はんざい》の特徴《とくちょう》

山本伸一が「青少年の非行《ひこう》化の深刻さが浮《う》き彫《ほ》りにされていた」と語った『青少年白書』には、どのようなことが書かれていたのか。少し細かく見てみよう。

中流層少年による犯罪の増加

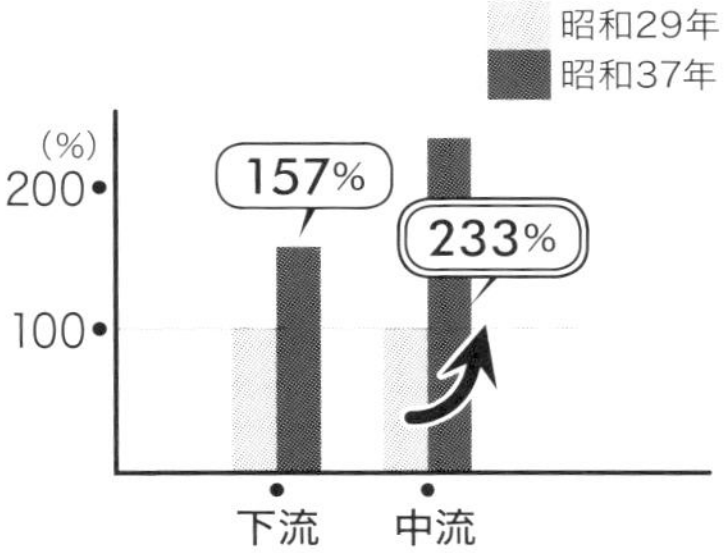

◉生活程度《ていど》によって分類すると、極貧《ごくひん》・下流層による犯罪が55.7%、中流層が43.1%となる。増加率を比較すると中流の増加が著《いちじる》しい。白書は「ごく普通《ふつう》の生活をしているものが犯罪をおかしやすくなってきている」と結論《けつろん》している。

集団《しゅうだん》化

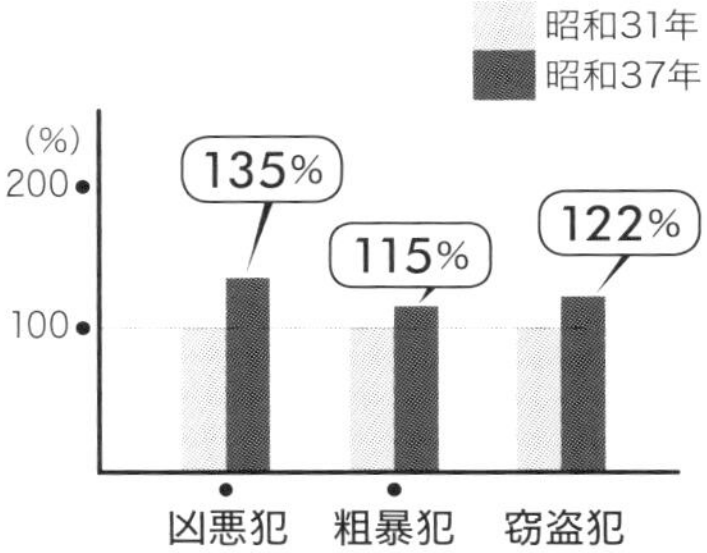

◉共犯率の変化から、非行を助長容認《ようにん》する仲間的集団（少年非行集団）との関《かか》わりの中で非行を犯《おか》す傾向《けいこう》が「年々顕著《けんちょ》になっていることは見逃《みの》がすことのできない問題」と白書は分析《ぶんせき》している。

※昭和31年の各種犯罪における共犯率を100とした指数

生徒による犯罪の増加

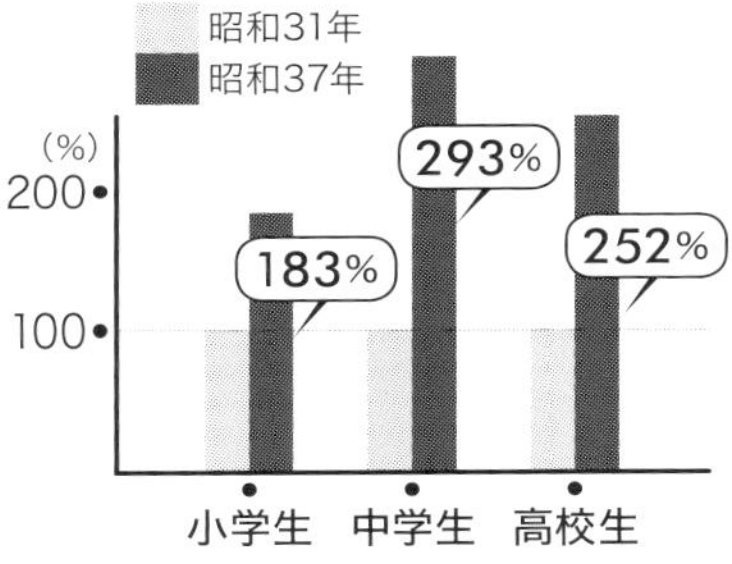

◉昭和31年と比較《ひかく》すると、同一学校の教師《きょうし》に対する暴力《りょく》事犯8.7倍、生徒間のリンチ事犯8.6倍、学校内暴力事犯14.2倍に増加。白書は「学校における生活指《し》導《どう》や行動教育の面になお多くの問題」があると考察している。

※昭和31年を100とした指数

低年齢《ねんれい》化

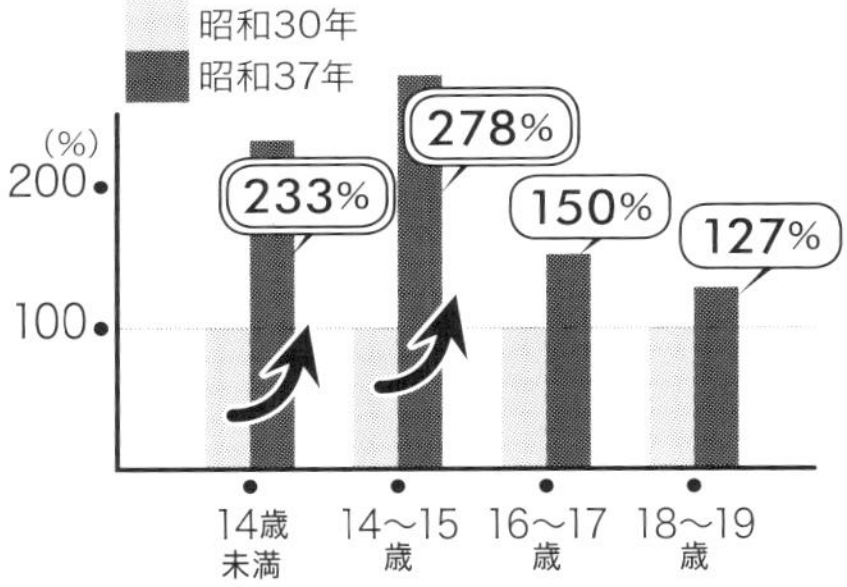

◉青少年白書は、「低年齢の少年の非行の増大《ぞうだい》」の理由として心身の成熟《せいじゅく》度が高まっていること、家庭や学校、社会の非行を阻止《そし》する力が弱まっていること、物《ぶつ》欲《よく》を極端《きょくたん》に刺激《しげき》する社会風《ふう》潮《ちょう》などを背景《はいけい》として挙げている。

※昭和30年の年齢層別刑法犯少年数を100とした指数

若者《わかもの》は貴重《きちょう》な労働力。「金の卵《たまご》」が流行語に

1964（昭和39）年の流行語となった「金の卵」。東京オリンピックを迎《むか》える好景気のなかで、主に農村部から送り出された中卒・高卒の若者は、「金の卵」と呼《よ》ばれ、貴重な労働力として歓迎《かんげい》された。東北・上《じょう》信越《しんえつ》地方から上京する「金の卵」たちを乗せた夜行列車の終点・上野駅は、夢《ゆめ》と希望の東京の入り口であり、故郷《こきょう》と別れを告げる場所となった。上野駅の広小路《ひろこうじ》口《じ》には、当時の流行歌「あゝ上野駅」の碑《ひ》が置かれている。

【参考文献】『青少年白書（1963年版）』

光彩の章

タイ王室と池田SGI会長との交友の軌《き》跡《せき》

「光彩《こうさい》」の章では、タイにおける草創期《そうそうき》の創価《そうか》学会員たちの奮闘《ふんとう》が紹介《しょうかい》される。
池田SGI会長は、タイを訪問《ほうもん》するなかで
プーミポン前国王をはじめ、タイ王室と深い友誼《ゆうぎ》を結んできた。
その歩みを振《ふ》り返ってみよう。

民衆《みんしゅう》の中へと飛び込《こ》む「文化大王」

池田SGI会長は、1961（昭和36）年の初訪問以来、これまでに6度にわたってタイを訪問。

バンコクのチトラダ離宮でプーミポン国王（当時）と
会見する池田SGI会長（1988年2月）

そのうち88（昭和63）年、92（平成４）年、94（平成６）年の訪問では、同国のプーミポン・アドゥンヤデート国王（当時）を表敬《ひょうけい》訪問し、３度に及《およ》ぶ語らいが実《じつ》現《げん》している。

プーミポン国王は、46（昭和21）年に即位《そくい》し、２０１６（平成28）年に崩御《ほうぎょ》するまで70年にわたって在位《ざいい》した。多い年には、１年のうち７か月は地方に出向き、〝国王は方言を話している〟と言われるほど、国民との対話を積み重ねてきた。小さな村々を歩いて、国民の声に耳を傾《かたむ》けたことで立ち上がった「王室プロジェクト」は４６００以上にも及ぶ。

「民衆を助けるために働くなら、まず民衆を知らなければ。（中略）彼《かれ》らに会わなければいけない。そして彼らを好きにならなければ」[※1]という言葉のとおり、民衆の中へ飛び込み、尽《つ》くし抜《ぬ》いたその姿《すがた》に、タイの人びとは絶大《ぜつだい》な信《しん》頼《らい》と尊敬《そんけい》の念を寄《よ》せた。

また、プーミポン国王は、文化・芸《げい》術《じゅつ》に造詣《ぞうけい》が深い「文化大王」としても知られていた。特に、音楽においては自ら作曲も手がけ、その作品は欧米《おうべい》でも演奏会《えんそうかい》が開かれている。そして、絵画や写真撮影《さつえい》も趣味《しゅみ》としていたという。

池田会長は１９２８（昭和３）年１月２日、プーミポン国王は27（昭和２）年12月５日と、誕生日《たんじょうび》も約１か月違《ちが》い。文化・芸術をこよなく愛する点も共通していた。

友好と信頼を深めた「３度の提案《ていあん》」

初の表敬訪問では、文化・芸術をめぐる語らいが繰《く》り広げられ、共通の趣味である写真撮影の話にも花が咲《さ》いた。席上、池田会長は国王が撮影した写真の展示会《てんじかい》の開催《かいさい》を提案し、翌《よく》89（平成元）年４月、東京富士美術館《ふじびじゅつかん》で、タイ国外では初となるプーミポン国王の「特別写真展」が実現した。

同展の開会式には、国王の三女であるチュラポーン王女も列席し、同展はその後、アメリカやイギリスでも開催された。国王は、池田会長の厚意《こうい》をとても喜び、自ら出展《しゅってん》作品の選定も行ったという。

その後も、２回目と３回目の表敬訪問のなかでの池田会長の提案により、国王が作曲した作品の「特別演奏会」、即位50周年を記念する「特別展」が日本で開催された。

特に、「特別展」の開催にあたっては、国宝《こくほう》級の逸品《いっぴん》が出品されることから、タイでは破損《はそん》や紛失《ふんしつ》に対する懸念《けねん》の声もあったという。しかし、時の国王秘《ひ》書官《しょかん》が「この特別展は池田ＳＧＩ会長が開催する展示会だ。信用してほしい。私《わたし》が保証《ほしょう》する」[※2]と説得して回り、結果、大成功を収《おさ》めた。「特別演奏会」の模《も》様《よう》はタイでも放送されるなど、こうした数々の歴史的な文化交流によって、タイにおける池田会長やＳＧＩの認識《にんしき》を深めることとなった。

池田会長は後年、述懐《じゅっかい》している。

「私は、日本とタイの関係が経済《けいざい》だけを中心に進むことが寂《さび》しかった。〝民衆の心に触《ふ》れる〟友好の歴史を残したかったのである」[※3]

それは「芸術を知れば、心を知ることになります。心を知ることが友好の根本」[※4]という会見のときの言葉にも表れている。

また、「いつも変わらぬ温かい御人《ごじん》格《かく》に感銘《かんめい》した。そして、その聡明《そうめい》さ。何が話題になっても、国王は、まっすぐに、ものごとの『核心《かくしん》』に迫《せま》っていかれる」[※5]と会見を振り返り、一方の国王も「同じ年同士として励《はげ》ましあえることがうれしい」[※6]と発言するなど、3度の出会いを通して、文化・芸術をはじめ、教育、平和、青年への思いを語り合い、友好と信頼を深めていったのだ。

崩御の翌年の2017（平成29）年5月、プーミポン前国王の生涯《しょうがい》を偲《しの》ぶ写真展「日タイ修好《しゅうこう》130周年記念写真展――プミポン国王陛下《へいか》を偲んで」が、創価大学で開催された。開会式の日、来日したタイの文化大臣は語った。

「創価大学を会場に選んだ理由は、創《そう》立者《りっしゃ》の池田大作SGI会長がプーミポン国王陛下と交流を重ねてこられたからです。またタイ王室の方々も創価大学を訪問されるなど、その深い友好関係も挙げられます」[※7]

開会式には、多くの学生とタイからの留学生《りゅうがくせい》も参加した。民衆を愛し、文化を通して日本とタイの友好と絆《きずな》を深めてきた2人の指導者《しどうしゃ》の精神《せいしん》は、次の世代へと受け継《つ》がれている。


【出典】※1、3、5『池田大作全集』第123巻 随筆「私の世界交友録2」 ※2「聖教新聞」2004年4月16日付
※4、6「聖教新聞」1992年2月5日付 ※7「聖教新聞」2017年5月13日付

Column

数字で振《ふ》り返る
池田SGI会長とタイとの交流

「光彩《こうさい》」の章での最初の訪問地《ほうもんち》であるタイ。
池田SGI会長とタイとの交流の歩みを
いくつかの数字で振り返ってみた。

6度の訪問

1～3回目までの訪問の模様《もよう》は、
『新・人間革命《かくめい》』第3巻《かん》
「平和の光」の章、
第6巻「遠路」の章、
第9巻「光彩」の章に、
それぞれ描《えが》かれている。

1961.2

1962.2

1964.10

1988.2

1992.1～2

1994.2

3つの名誉学術称号《めいよがくじゅつしょうごう》

サイアム大学
Siam University
2000（平成12）年11月
名誉行政《ぎょうせい》学博士

メージョー大学
Maejo University
2006（平成18）年7月
名誉管理学博士

タマサート大学
Thammasat University
2013（平成25）年8月
名誉哲学《てつがく》博士

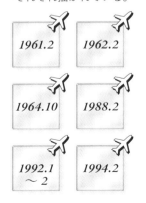

1つの国家勲章《くんしょう》 THE MOST NOBLE ORDER OF THE CROWN OF THAILAND

タイ王冠《おうかん》勲章勲一等《くんいっとう》

「タイ・日両国の友好と協力促進《そくしん》に類《たぐい》まれな貢献《こうけん》」をしたとして、1991(平成3)年7月19日に、王室から民間人に贈《おく》られる最高の褒章《ほうしょう》のひとつであるタイ王冠勲章勲一等がプーミポン国王から贈られた。その他の顕彰《けんしょう》としては、2004(平成16)年にタイ文化省から贈られた「文化功労顕彰」など。

プーミポン国王との3度の会見

池田会長とプーミポン・アドゥンヤデート前国王とは、3度にわたり会見している。国王は、芸術《げいじゅつ》に造詣《ぞうけい》の深い人物として知られ、会見での池田会長の提案《ていあん》から写真展《てん》をはじめとする芸術交流が実現《じつげん》した。

1

1988(昭和63)年2月3日
国王が撮影《さつえい》した写真の展示会《てんじかい》を開催《かいさい》することを提案

→ *1989*(平成元)年4月 東京富士美術館《ふじびじゅつかん》にて
微笑の国・タイ王国 プーミポン・アドゥンヤデート国王陛下御撮影 特別写真展を開催。
その後、90年にアメリカ、91年にイギリスで開催。

2

1992(平成4)年2月4日
国王が作曲した作品の演奏会《えんそうかい》を開催することを提案

→ *1993*(平成5)年11月 創価大学記念講堂《こうどう》にて
タイ王国 プーミポン・アドゥンヤデート国王陛下 御作曲作品特別演奏会を開催。国王の姉君・ガラヤニ王女も鑑賞し、池田会長と会見を行った。

3

1994(平成6)年2月8日
2年後の国王即位《そくい》50周年を記念する行事を日本で開催することを提案

→ *1996*(平成8)年5月 東京富士美術館にて
タイ王国 プーミポン・アドゥンヤデート国王陛下 御即位50周年記念特別展を開催。

4つの交流大学
（創価大学）

Chulalongkorn University
チュラロンコーン大学

Thammasat University
タマサート大学

Panyapiwat Institute of Management
パンヤーピワット経営大学

Mahidol University
マヒドン大学

タイを代表する国立総合《そうごう》大学のタマサート大学には、世界で2か所目となる創価大学の海外拠点《きょてん》「創価大学タイ事務所《むしょ》」が2016（平成28）年に設置《せっち》された。

1編《ぺん》の長《ちょう》編《へん》詩

『親愛なるタイの友に贈る
微笑《びしょう》の国 豊饒《ほうじょう》の大地』
1988（昭和63）年2月2日

民音 42回の公演

民主音楽協会では、タイ王立舞踊団《ぶようだん》の招聘《しょうへい》を中心に1984（昭和59）年から2009（平成21）年まで42公演《こうえん》を行っている。

パリが「芸術《げいじゅつ》の都」になった理由

「光彩」の章では、パリで画家のメンバーを激励《げきれい》する山本伸一の姿《すがた》が描《えが》かれるが、これまでにも画家をめざす多くの人たちがパリに渡《わた》っていった。

なぜ、パリは世界中から芸術家が集《つど》う「芸術の都」となったのか。

ルーブル美術館《びじゅつかん》とオースマンの「パリ改造《かいぞう》」

まず挙げられるのは、世界屈指《くっし》の美術館として知られるルーブル美術館の存在《そんざい》だ。もともとはフランス王家の宮殿《きゅうでん》「ルーブル宮」であり、フランソワ1世、ルイ14世など歴代の王朝によって、イタリア・ルネサンス期の名画をはじめとした大量の美術品が蒐集《しゅうしゅう》されていた。フランス革《かく》命《めい》によって１７９３年に美術館として生まれ変わり、一般《いっぱん》公開されたのである。

ルーブル美術館によって、市民は一級の美術・芸術にふれる機会を得て、名画を模写《もしゃ》する画家や画学生たちも集《つど》った。「マネもドガもセザンヌも、すべてルーヴルという空間の中から生まれ落ちたといってよい」（※１）のだ。

また、ナポレオン３世がフランス皇帝《こうてい》となった「第二帝《てい》政《せい》期」（１８５２～１８７０年）に、「パリ改造」が行われたことも大きい。皇帝の命を受け、セーヌ県知事ジョルジュ・オースマンが推進《すいしん》したもので、道路網《もう》の整備《せいび》、公園・広場の造成《ぞうせい》、上下水道の整備、街灯の増設《ぞうせつ》などが徹底的《てっていてき》に行われた。「旧市域《きゅうしいき》のほぼ六〇％がその相貌《そうぼう》を変えた」（※２）

といわれるほどの大改造で、緑地面積も以前の90倍に達するなど、近代的で美しい「花のパリ」へと生まれ変わったことで、パリの人口は1846〜1866年の20年間で30万人も増《ふ》えたという。
「印象派《は》の画家が描いたパリは、オースマンのパリであった」(※3)といわれるように、この大改造によって整備されたカフェ、劇場《げきじょう》、大通りなどといった景観に魅了《みりょう》され、都市を描く画家たちが誕生《たんじょう》した。カフェには芸術家たちが集い、王立アカデミー展《てん》などの展覧会《てんらんかい》も活発に行われた。こうした環境《かんきょう》の中で、印象派など美術の新しい潮流《ちょうりゅう》も生み出され、世界がひかれる「芸術の都」としての地位を確立《かくりつ》したのであった。

フランス・パリのルーブル美術館

パリではその後の19世紀後半から、万国博覧会《はくらんかい》が相次いで開催《かいさい》された。世界中から見物客を呼《よ》び集め、さらに、日本の浮世絵《うきよえ》、エジプトの浮彫《うきぼ》りなど会場に展示《てんじ》された各国からの珍《めずら》しい作品群《ぐん》は、パリの芸術家たちに強い刺激《しげき》を与《あた》え、彼《かれ》らが新たな境地《きょうち》を切り開く契機《けいき》となった。
パリ郊外《こうがい》のモンマルトルやモンパルナスには、若《わか》く貧《まず》しい画家たちが居《きょ》を構《かま》え、〝芸術家村〟を形成した。そこには外国人も多く、ピカソやゴッホ、シャガール、モディリアーニ、日本人では岡本太郎《おかもとたろう》など、19〜20世紀の美術を牽引《けんいん》した芸術家たちの揺籃《ようらん》の地であったのだ。

【出典】※1、3『パリ物語』(宝木範義 著)講談社学術文庫　※2『パリ 歴史の風景』(饗庭孝男 編)山川出版社
【参考文献】『パリ歴史探偵術』(宮下志朗 著)講談社現代新書
写真提供＝アフロ

「光彩」の章では、山本伸一が1964（昭和39）年、アジアやヨーロッパを歴訪《れきほう》する様子が描《えが》かれる。

初めてとなる社会主義《しゅぎ》国への訪問《ほうもん》や、北欧《ほくおう》の地で孤軍奮闘《こぐんふんとう》する青年らとの出会い――。

世界を舞台《ぶたい》に、人間の中に飛び込《こ》んでいく伸一の励《はげ》ましの旅を追う。

山本伸一の平和旅

1964.10.2〜19

〈11か国〉

※日付（現地《げんち》時間）は、
訪問で現地入りした日

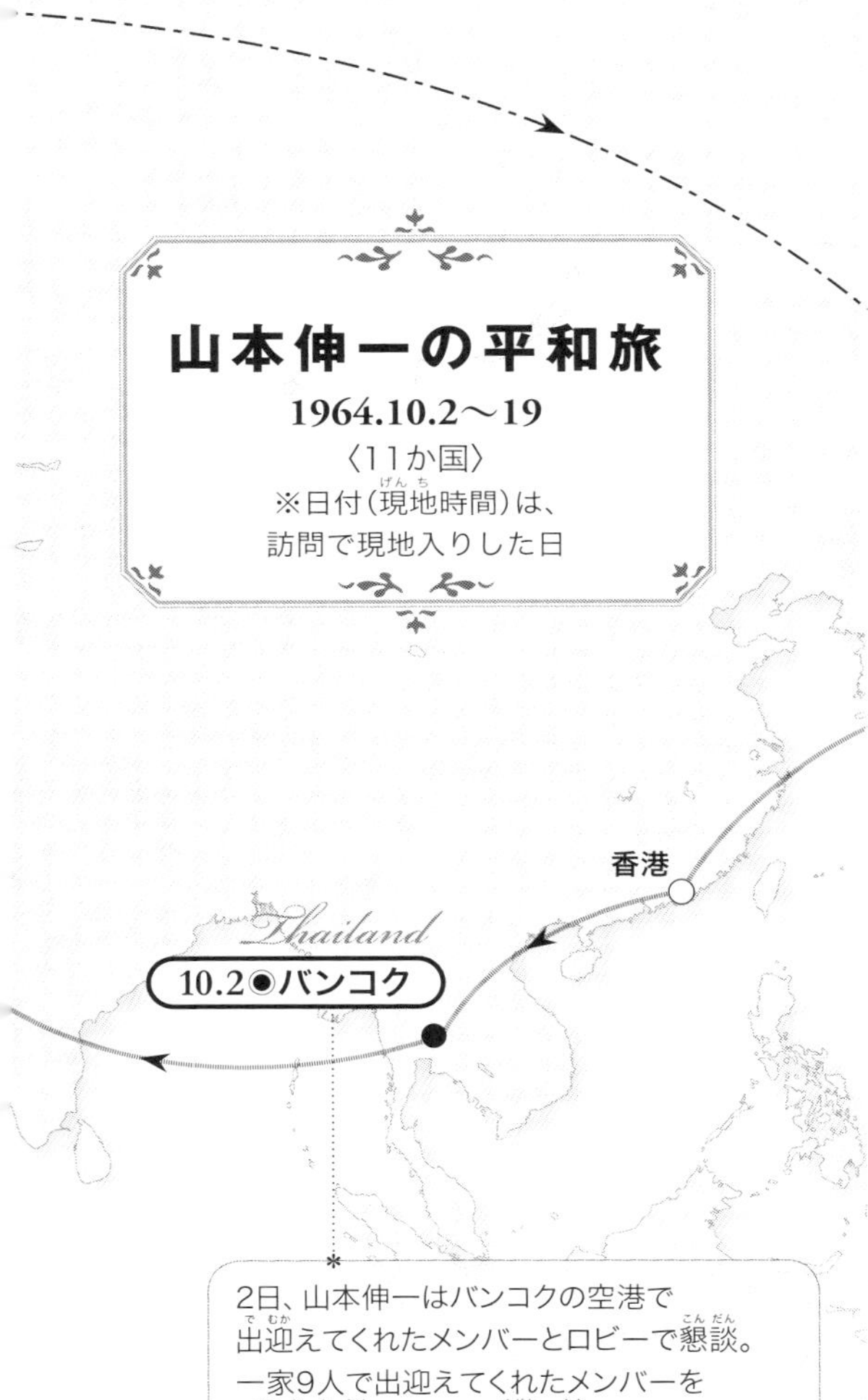

2日、山本伸一はバンコクの空港で
出迎《でむか》えてくれたメンバーとロビーで懇談《こんだん》。
一家9人で出迎えてくれたメンバーを
「一家和楽《いっかわらく》の信心」の姿《すがた》と称《たた》え、
「『一家和楽の信心』であれば、
家族が共通の根本目的をもつことができる。
それによって、家族が団結《だんけつ》することができる。
だから、一家が栄えていくんです」と
励ましを送った。

●…訪問地
○…経由地

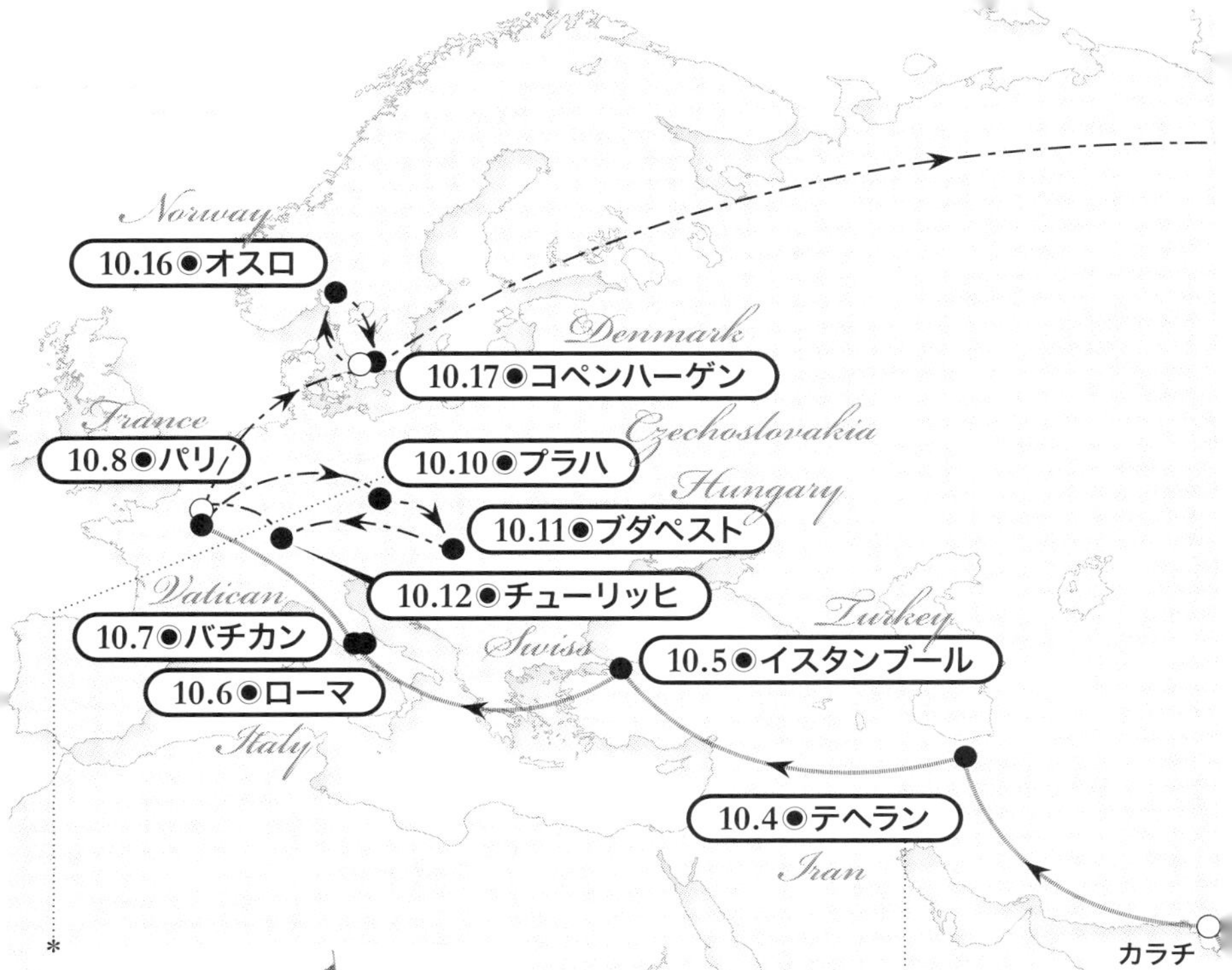

10日、伸一は東欧《とうおう》のチェコスロバキア(当時)のプラハを訪れ、初めて共産圏《けん》の国に足を踏《ふ》み入れた。その後、ハンガリーの首都・ブダペストも訪れ、それらの国で暮《く》らす人びとにふれるなかで思索《しさく》を重ねる。「自由主義か社会主義かという国家体制《たいせい》の選択《せんたく》よりも、『人間不在《ふざい》の政治《せいじ》』から『人間尊重《そんちょう》の政治』への転換《てんかん》こそが、不可欠《ふかけつ》といってよい」とし、社会主義国の指導者《しどうしゃ》とも語り合う必要性《せい》を感じる。

4日、メンバーが勤《つと》めているというテヘランの中華《ちゅうか》料理店を訪《おとず》れた一行。メンバーはすでに店を辞《や》めていたが、イラン人の店員たちが伸一の顔を見て「オー! ミスター・ヤマモト!」と声を上げ、握手《あくしゅ》を求めた。彼《かれ》らはメンバーから学会《がっかい》の話を聞き、学会を素晴《すば》らしい団体《だんたい》であると思っているという。イランから出国する際《さい》、伸一は同行のメンバーに語る。「人間を分断《ぶんだん》させる宗教《しゅうきょう》もあるが、人と人とを結び合うことが、広宣流布《こうせんるふ》ということなんだよ」

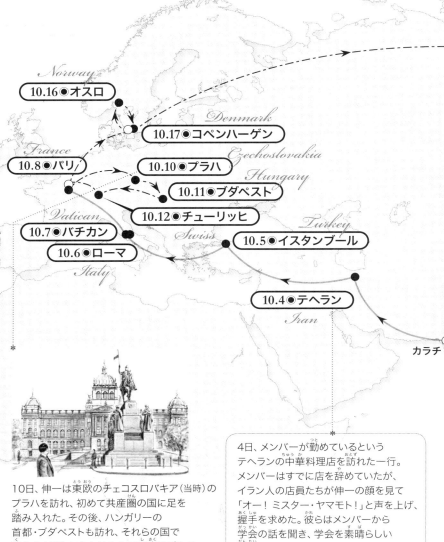

衆望の章

小説『人間革命《かくめい》』執筆《しっぴつ》に至《いた》る道

「衆望《しゅうぼう》」の章で、山本伸一《やまもとしんいち》はいよいよ小説『人間革命』の執筆を開始。ここに至るまでには、執筆への決意を示《しめ》す場面が何度もあった。それらを振《ふ》り返ってみよう。

1

入会3か月目の最初の決意

【『新・人間革命』第9巻「衆望」】

「思えば、伸一が、戸田《とだ》の生涯《しょうがい》を書き残そうとの発想をもったのは、十九歳《さい》の時であり、入会して三カ月が過《す》ぎたころであった。

軍部政府《せいふ》の弾圧《だんあつ》と戦い、投獄《とうごく》されても、なお信念を貫《つらぬ》き、人民の救済《きゅうさい》に立ち上がった戸田城《じょう》聖《せい》という、傑出《けっしゅつ》した指導《しどう》者を知った伸一の感動は、あまりにも大きかった」

「衆望」の章に、そのような一節がある。

『人間革命』第12巻《かん》の「あとがき」にも、次のような記述《きじゅつ》が見える。

「恩師《おんし》の真実を伝える伝記を書き残すことは、私《わたし》の青春時代からの誓《ちか》いであった。先生の偉業《いぎょう》を世界に宣揚《せんよう》することは、弟子《でし》としての、私の使命であると心に決めていたからである」

池田SGI会長は、入会間もないころからすでに、師の戸田城聖・創価学会第二代会長の生涯を小説として書くことを、心中密《ひそ》かに決意していたのだ。

出獄し、焼け野原に立つ戸田城聖

2 師の小説『人間革命』を読んで

【『人間革命』第1巻「はじめに」】

1951（昭和26）年の春、「聖教《せいきょう》新聞」発刊《はっかん》の直前のこと。戸田第二代会長は若《わか》き日の池田会長に言った。

「小説を書いたよ。いよいよ新聞を出すからには、小説だって載《の》せなければならないだろう」

そして、ポケットから原稿《げんこう》を取り出して、うれしそうに池田会長に見せた。「聖教新聞」の創刊号《そうかんごう》（51年4月20日付）から連載《れんさい》された、妙悟空《みょうごくう》（戸田会長のペンネーム）著《ちょ》、小説『人間革命』の第1回の原稿であった。

「この時、私は即座《そくざ》に思った。〝私もまた、いつの日か、続『人間革命』ともいうべきものを書かねばならない〟と」

厚《あつ》田《た》村《むら》への師《し》弟《てい》旅

【『人間革命』第12巻「涼風」、
『新・人間革命』第2巻「錬磨」、第18巻「師《し》恩《おん》」】

3

1954（昭和29）年8月、戸田第二代会長は若き日の池田会長を連れて、生まれ故郷《こきょう》の北海道・厚田村（現《げん》石狩《いしかり》市厚田区）を訪《おとず》れた。池田会長が厚田村を訪問《ほうもん》したのは、このときが初めてである。当時、師は54歳、弟子は26歳――。忘《わす》れ得ぬ師弟旅であった。

池田会長はのちに随筆《ずいひつ》で、この旅を振り返って綴《つづ》っている。

「このころより、私は『人間革命』の構想《こうそう》を、少しずつ、考えざるを得なくなっていた。恩師の故郷へ、だれよりも早く、連れてきていただいた、理由を噛《か》みしめながら」※1

また、『人間革命』第12巻「涼風《りょうふう》」の章にも、この旅の模様《もよう》が詳細《しょうさい》に描《えが》かれている。そこに、次のような一節もあった。

「〝戸田先生を育《はぐく》んだこの海、この山、この川を、私は心に焼き付けておくのだ。そして、先生の黄金の軌跡《きせき》をとどめた、続『人間革命』を必ず書こう〟」

さらに、この旅から6年後の60（昭和35）年に厚田村を再訪《さいほう》したときのようすが、『新・人間革命』第2巻「錬《れん》磨《ま》」の章に描かれている。

「六年前、この防波堤《ぼうはてい》を歩きながら、彼《かれ》は、戸田の伝記ともいうべき、続『人間革命』の執筆を決意したのである」

北海道・厚田の港に立つ戸田と山本伸一

小説『人間革命』について語り合う戸田と伸一

4 軽《かる》井《い》沢《ざわ》での語らい

【『人間革命』第1巻「はじめに」、第12巻「涼風」、『新・人間革命』第1巻「はじめに」】

師弟で厚田村を訪れてから3年後の、1957(昭和32)年夏のこと。

軽井沢で静養中の戸田第二代会長との語らいの中で、発刊されたばかりの妙悟空著『人間革命』の話になった。

「大作、俺《おれ》の『人間革命』どうだい?」

率直《そっちょく》に感想を述《の》べると、戸田会長は「そうか。自分のことを一から十まで、うまく書くわけにはいかないからな」と呵々大笑《かかたいしょう》した。

「私は、その声の響《ひび》きのなかに、先生のご生涯を通して、先生のご精神《せいしん》を誤《あやま》たず後世に伝えるのは、私の使命であり、先生の期待であることを知った」

軽井沢での師弟の語らいは、師の真実の姿《すがた》を後世に書き残す決意を、不動のものとしたのである。

その8か月後に、戸田会長は逝去《せいきょ》している。

5 七回忌《き》法要で執筆開始の決意を披瀝《ひれき》

【『新・人間革命』第9巻「新時代」】

戸田第二代会長の逝去（1958年4月2日）から、池田会長による『人間革命』執筆開始（64年12月2日）までには、6年8か月の期間がある。

それは、〝戸田第二代会長の遺言《ゆいごん》となった、会員300万世帯の達成を、七回忌までに成し遂《と》げ、その勝利の報告《ほうこく》をもって執筆に着手しようとしていた〟からであった。

そこに込《こ》められた思いについては、『新・人間革命』第2巻「先駆《せんく》」の章の中で吐露《とろ》されている。

「戸田は『行動の人』であった。ゆえに弟子としてその伝記を書くには、広宣流布《こうせんるふ》の戦いを起こし、世界平和への不動の礎《いしずえ》を築《きず》き上げずしては、戸田の精神を伝え切ることなどできないと彼は考えていた」

そして迎《むか》えた、七回忌法要（64年4月1日）――。創価学会はこの日までに、目標の300万世帯を大きく上回る400万世帯を達成していた。池田会長は法要のあいさつに立ち、その中で『人間革命』の執筆開始を宣言《せんげん》したのだった。

「この戸田先生の七回忌を期して、先生の出獄《しゅつごく》から、亡《な》くなられるまでの歩みを、『人間革命』の続編《ぞくへん》として書き残すための準備《じゅんび》に、取りかかってまいりたいと思います。それが、弟子としての、報恩《ほうおん》の誠《まこと》の一つであると考えております」

戸田の七回忌法要で『人間革命』の続編の執筆を発表する伸一

6

沖縄《おきなわ》の地で執筆開始

【『新・人間革命』第2巻「先駆」、第9巻「衆望」】

ひめゆりの塔で追善の唱題をする伸一

『人間革命』は、「聖教新聞」に1965（昭和40）年元日から連載が開始された。記念すべき最初の原稿が執筆されたのは、64（昭和39）年12月2日の沖縄でのこと。執筆のようすは、「衆望」の章に詳述《しょうじゅつ》されている。

沖縄の地で『人間革命』の筆を起こした理由について、池田会長は随筆で次のように述べている。

「私は、いよいよ執筆を開始しようとしたとき、いずこの地で一枚《まい》目を書こうかと考えていた。そして、最も日本列島のなかで、悲惨《ひさん》と苦汁《くじゅう》をなめた沖縄の地でしたためたいと思ったのである」※2

そう考えるに至った直接《ちょくせつ》の契機《けいき》は、第2巻「先駆」の章にも描かれているが、池田会長が60（昭和35）年7月に沖縄を初訪問した際《さい》、南部戦跡《せんせき》（「ひめゆりの塔《とう》」など、沖縄戦の激戦地跡《げきせんちあと》）を視察《しさつ》したことだった。太平洋戦争で、一般《いっぱん》住民を巻《ま》き込んだ国内最大の地上戦が行われ、多くの人びとが犠牲《ぎせい》となった沖縄。だからこそ、全編《ぜんぺん》に平和の祈《いの》りを込めた『人間革命』を書き始める地としてふさわしい――そう考えたのである。

【出典】※1『池田大作全集』第22巻 随筆「随筆 人間革命」
※2『池田大作全集』第22巻 随筆「私の履歴書」

1964年――東京オリンピックがもたらしたもの

「衆望」の章の前半では、東京オリンピックの模様《もよう》が詳述《しょうじゅつ》される。この世紀の祭典は、日本を大きく変えた。どのように変えたのかを探《さぐ》ってみよう。

日本の復興《ふっこう》を世界に知らしめた

「衆望」の章にも言及《げんきゅう》があるとおり、オリンピックは1940（昭和15）年の東京開催《かいさい》が決定していたが、日中戦争の激化《げきか》によって中止を余儀《よぎ》なくされた経緯《けいい》がある。

64（昭和39）年の東京オリンピックは、かつて一度は中途《ちゅうと》でついえた五輪開催の夢《ゆめ》が、太平洋戦争の敗戦という苦境《くきょう》を経《へ》たあとで甦《よみがえ》ったものだったのだ。

アジア初のオリンピック開催――。それは、敗戦からまだ19年しか経《た》っていなかった日本が奇跡《きせき》の復興を成し遂《と》げたことを世界に知らしめる、ひのき

国立競技場で行われた東京オリンピックの開会式で
入場行進する日本選手団

舞台《ぶたい》でもあった。だからこそ、国を挙げて、多くの人びとが全身全霊《ぜんしんぜんれい》を傾《かたむ》けてオリンピックに取り組んだのである。それはまさに、戦後日本の歴史に大きく刻《きざ》まれた節目であった。

64年の東京オリンピックは、〝東京の街並みを一変させた〟と言われる。全国の道路網《どうろもう》や鉄道の整備《せいび》など、オリンピックの影響《えいきょう》は全国に及《およ》んだが、なかでも開催地・東京にもたらした変化は大きかった。

競技場《きょうぎじょう》・選手村・練習場などの建《けん》設《せつ》、地下鉄・高速道路などの交通網《こうつうもう》の整備、羽田《はねだ》空港の拡張《かくちょう》、観光客用のホテル建設など、開催決定（59年）からの準備《じゅんび》は急ピッチで進められた。

　羽田空港に到着《とうちゃく》する外国人を都心に輸送《ゆそう》する足として開業した東京モノレールは、1964年9月17日に、また、「夢の超特急《ちょうとっきゅう》」と呼《よ》ばれた東海道新幹線《しんかんせん》は、同年10月1日に開業している。新幹線は、オリンピック開会式を9日後に控《ひか》えた、ぎりぎりのタイミングであった。

　さらに、古いビルは取り壊《こわ》され、敗戦直後に建てられたバラックは一掃《いっそう》され、石ころだらけだった道はアスファルトで舗装《ほそう》された。

　東海道新幹線の建設費3800億円、地下鉄整備費1895億円、高速道路を含《ふく》む道路整備費1752億円といった巨額《きょがく》の予算が、東京オリンピックの経費《けいひ》として計上され、使われた。世界から訪《おとず》れる人たちに誇《ほこ》れる首都にするために……。

日本の「テレビ時代」の幕《まく》を開けた

　オリンピックのテレビ放送は、36（昭和11）年のベルリン大会（ドイツ）から始まったとされる。ただし、このときはベルリン市内の一部で実験的に放映《ほうえい》されたのみ。本格的《ほんかくてき》なテレビ放送の始まりは、戦後になってからだ。

　日本で初めてオリンピックのテレビ映像《えいぞう》が流れたのは、60（昭和35）年のローマ大会（イタリア）のとき。空輪《くうゆ》されてきたビデオテープを用いての放送だった。

そして、64年の東京大会では、全20競技のうち16競技がテレビ中継《ちゅうけい》され、開会式は通信衛星《えいせい》により、世界に初めて生中継された。テレビ放送のあり方が、一気に進歩した大会だったのだ。

そうした技術革新《ぎじゅつかくしん》も背景《はいけい》にあり、東京オリンピックを境《さかい》に、日本のテレビ受信契約件数《けいやくけんすう》は急増《きゅうぞう》。62（昭和37）年にようやく1000万件を超《こ》えたばかりだったのが、63（昭和38）年度末には、一気に1500万件を突破《とっぱ》した。

オリンピックのテレビ中継を見たかどうかという調査《ちょうさ》では、97％が「見た」と答えたという。日本中がテレビに釘付《くぎづ》けになり、テレビ時代の本格的幕開けを呼んだのだ。

東京オリンピックは、中継に初めてカラー放送が導入《どうにゅう》された大会でもある。ただし、当時のカラーテレビ受像機《じゅぞうき》の普及率《ふきゅうりつ》は低く、カラー放送自体も、室内競技を中心に1日2時間ほどしか行われなかった。「カラーテレビ時代」の到来《とうらい》は、もう少しあとだったのだ。

東京オリンピックを契機《けいき》に進歩したものや、新たに生まれた「業界」もある。

たとえば、冷凍《れいとう》食品の味・品質《ひんしつ》は、

東京オリンピックを境に一気に進歩したといわれる。選手、役員など約1万人が集《つど》う「選手村」の食事は、一部に冷凍食品を利用しなければ賄《まかな》いきれなかった。だが、当時の冷凍食品は〝くさくてまずい〟という印象が強く、一流の料理人は使いたがらなかった。そこで、東京オリンピックをめざし、冷凍食品の質の改善《かいぜん》が急ピッチで進められたのだ。

また、今では巨大《きょだい》な市場規模《きぼ》を誇る日本の警備《けいび》業界だが、東京オリンピック以前には業界そのものが存在《そんざい》しなかった。

日本初の民間警備会社・日本警備保《は》障《しょう》（現《げん》セコム）が誕生《たんじょう》したのは、62（昭和37）年のこと。それ以前には、企業《きぎょう》などの警備といえば、社員が交代で「宿直」として泊《と》まり込《こ》むか、専属《せんぞく》の「守《しゅ》衛《えい》」（主にその会社を定年退職《たいしょく》した人などが就《つ》いた）が担《にな》っていたのだ。

今でいうベンチャー企業であった日本警備保障は、当時の社会の警備業に対する無理解《むりかい》もあり、伸《の》び悩《なや》んでいた。だが、東京オリンピックで選手村の警備を受注すると、そのことが強力なブランド・イメージにもなり、飛躍《ひやく》していく。そして、同社の伸長《しんちょう》を機に警備業の社会的認知《にんち》も高まり、やがてひとつの「業界」となっていったのだ。

【参考文献】『TOKYOオリンピック物語』（野地秩嘉 著）小学館文庫／
『東京五輪1964』（佐藤次郎 著）文春新書／
『増補新版　現代風俗史年表』（世相風俗観察会 編著）河出書房新社／『日本全史（ジャパン・クロニック）』講談社
写真提供＝共同通信社

Column

公明党が取り組んできた 子育て、教育支援《しえん》

「衆望《しゅうぼう》」の章で描《えが》かれる、草創期《そうそうき》の公明党の教科書無償化《むしょうか》への取り組み。以来、半世紀、公明党が関《かか》わってきた主な子育てや教育への支援をピックアップする。

地方で端緒《たんしょ》を開き 全国へ展開《てんかい》

地方での実績《じっせき》を足掛《あしが》かりに、国政《こくせい》での支援の充実《じゅうじつ》を進めてきたのが公明党の特徴《とくちょう》のひとつ。

「衆望」の章に描かれる教科書無償化が完全実施《じっし》となった1969（昭和44）年当時、もうひとつの成果である児童手当《てあて》は、地方では公明党の主導《しゅどう》で千葉県市川市《いちかわ》や新潟県三条市《さんじょう》での実施〈68年4月〉を皮切りに、東京でもスタートした〈69年12月〉ところだった。

国の制度《せいど》として児童手当が始まったのは3年後〈72年1月〉。

現在《げんざい》では、1700万人を超《こ》える子どもが受給の対象となっている〈2016年度〉。

子育てを軸《じく》に、国民にやさしい社会づくりを

「衆望」の章の時代と現在とでは、子育て家庭が置かれている社会・経済《けいざい》状況《じょうきょう》も大きく変化、多様化した。少子化をはじめ、共働き世帯やひとり親家庭の増加《ぞうか》、都市への人口集中なども進むなか、公明党は「『子どもの幸せ』や『子育ての安心』が確保《かくほ》される社会こそ、国民すべてにやさしい社会」であると2006（平成18）年に政策《せいさく》集「少子社会トータルプラン」を発表した。

このプランにも沿《そ》う形で、「仕事と生活の調和」への「働き方改革《かいかく》」を前進させると共に、保育《ほいく》を必要としていてもサービスを受けることができない、待機児童の解消《かいしょう》に向けた保育の受け皿の大幅《おおはば》な拡大《かくだい》や保育士の処遇改《しょぐうかい》善《ぜん》、出産・子育て・教育の経済的な負担軽減《ふたんけいげん》などを実現。さらに、発達障《しょう》がいがある子どもたちの授業《じゅぎょう》サポートを行う「通級指導《つうきゅうしどう》」について、小・中学校などの担当《たんとう》教員の計画的な増員《ぞういん》に加え、高校での制度化も実らせている。

福祉

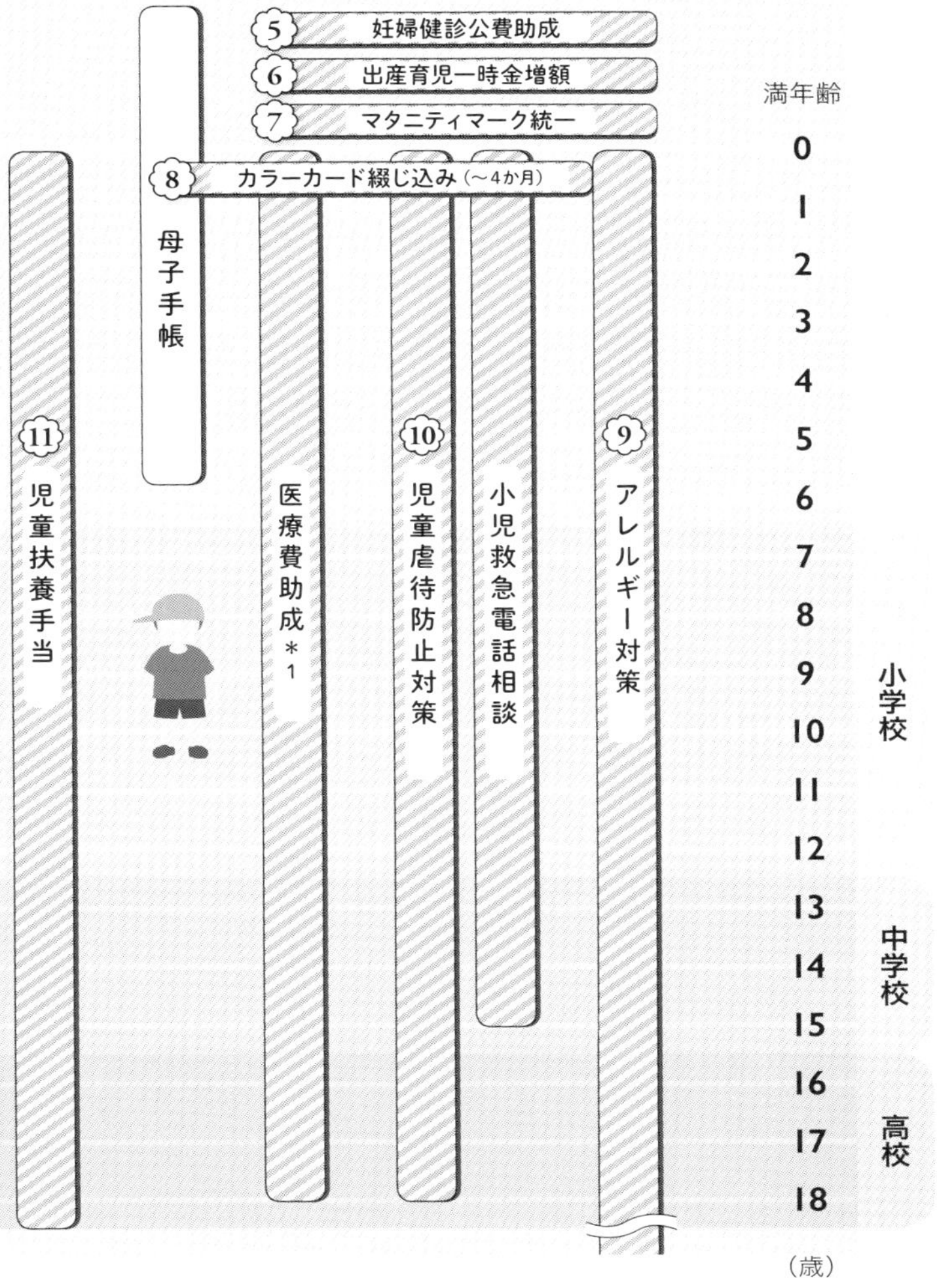

5 妊婦健診公費助成
6 出産育児一時金増額
7 マタニティマーク統一
8 カラーカード綴じ込み（～4か月）
母子手帳
11 児童扶養手当
医療費助成＊1
10 児童虐待防止対策
小児救急電話相談
9 アレルギー対策
満年齢
0
1
2
3
4
5
6
7
8
9
10
11
12
13
14
15
16
17
18
（歳）
小学校
中学校
高校

教育

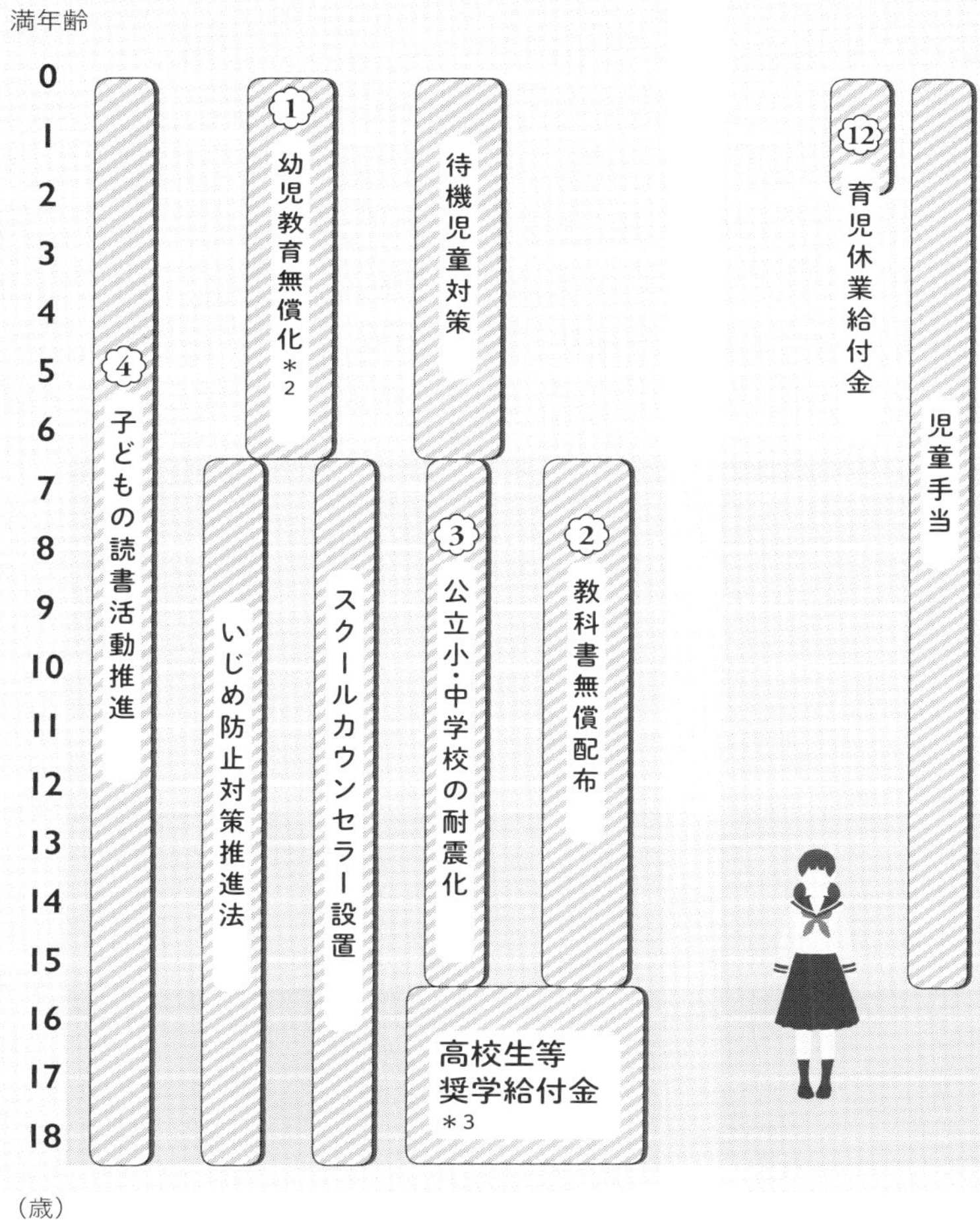

＊1 対象年齢や金額などは、自治体によって異なる
＊2,3 所得制限などあり

教育

1 幼児《ようじ》教育の段階的無償化《だんかいてきむしょうか》に取り組む　0歳~5歳児

❖幼稚園《ようちえん》や保育所《ほいくしょ》などの保育料の無償化を2006（平成18）年に党《とう》の重点政策《せいさく》に掲《かか》げ、12（平成24）年の連立政権《せいけん》の合意文書にも無償化の推進を明記。18年（平成30年）には、3～5歳児は全員、0～2歳児は住民税非課税世帯を対象に「認可外」も含めて無償化する方針が閣議決定。19年10月からの実施をめざし準備が進められている。

2 義務《ぎむ》教育の教科書を無償配布《はいふ》　小学校~中学校

※「衆望《しゅうぼう》」の章に詳述《しょうじゅつ》されている。

3 公立小・中学校の耐震化《たいしんか》を推進　小学校~中学校

❖2001（平成13）年、党女性《じょせい》委員会に「学校施設改善対策《しせつかいぜんたいさく》プロジェクト」、02（平成14）年には「学校施設耐震化推進小委員会」を設置《せっち》。当時、公立小・中学校施設の耐震化率《りつ》は、わずか44.5％だった。学校の倒壊《とうかい》で多くの子どもが犠牲《ぎせい》になった08（平成20）年5月の中国四川《しせん》大地震《おおじしん》を受け、同年6月に自治体の財政《ざいせい》負担を軽減する地震防災《ぼうさい》対策特別措置法《そちほう》を改正。これを契機《けいき》に耐震化は加速し、15（平成27）年度末には、構造体の耐震化率がほぼ100％となった。天井などの非構造部材の耐震化も併せて進められている。

4 子どもが読書に親しむ環境《かんきょう》づくりを推進

0歳〜18歳

❖子どもが本と親しむ環境づくりのために、2001（平成13）年に「子どもの読書活動推進法」、05（平成17）年には、「文字・活字文化振興法《しんこうほう》」を制定《せいてい》させた。学校での「朝の読書」の実施率《じっしりつ》は76%（2018年7月2日現在）、乳幼児健診時《にゅうようじけんしんじ》に絵本を手渡《てわた》す「ブックスタート」は1016市区町村（2017年9月30日現在）に広がった。女性議員や党員の読み聞かせの運動も地道な活動を広げている。

福祉

5 妊婦《にんぷ》健診の公費助成を拡充《かくじゅう》

出産前

❖妊娠《にんしん》は病気ではないため、健診には医療保険《いりょうほけん》が使えない。安全な出産のために健診は14回が望ましいとされるが、1回の健診にかかる費用は、数千円〜1万円に上《のぼ》る。経済的な負担により、産気づいてから医療機関を受診《じゅしん》する「飛び込《こ》み出産」が問題となった。公明党は、負担を軽減するため健診の公費助成の拡充を推進。2013（平成25）年度からは、それまで補正《ほせい》予算で対応《たいおう》していた14回分の公費助成が本予算に組み込まれ、恒久的《こうきゅうてき》な制度《せいど》となった。

6 出産育児一時金の増額

出産時

❖分娩費《ぶんべんひ》と育児手当金を合わせて出産育児一時金とする制度ができたのは1994（平成6）年。当初30万円でスタートしたが、平均《へいきん》で50万円にもなる出産にまつわるさまざまな出費を賄《まかな》うには不十分だった。支給《しきゅう》額《がく》を、35万、38万と段階的に増額し、現在《げんざい》は42万円。多額《たがく》の現金《げんきん》を用意しなくても、直接《ちょくせつ》、医療機関に出産育児一時金分を支払《しはら》ってくれる直接支払制度も使えるようになった（支給額を超えた分のみ、窓口支払い）。

7 マタニティマークを統一《とういつ》　　出産前

❖妊産婦《にんさんぷ》が、交通機関を利用する際《さい》に周囲が配慮《はいりょ》しやすいように使われているマタニティマーク。全国統一のマークは、2005（平成17）年の公明党議員の国会質問《しつもん》がきっかけ。1700を超える自治体でこのマークを使ったグッズが妊産婦に配られている。

8 母子手帳にカラーカードを綴《と》じ込み　　0歳~4か月

❖赤ちゃんの約1万人に1人が発症《はっしょう》する胆道閉鎖症《たんどうへいさしょう》。発見・手術《しゅじゅつ》が遅《おく》れると生命に関《かか》わる。母親グループより相談を受けた市議から県議、国会議員へと声が届《とど》き、2011（平成23）年8月、国会で質問。政府《せいふ》から「積極的に検討《けんとう》していく」との答弁《とうべん》を引き出し、12（平成24）年4月より、便の色から病気を発見できる「便色調カラーカード」の母子健康手帳への綴じ込みが実現《じつげん》した。

9 アレルギー対策推進の一例　　~大学

❖生命をも奪《うば》いかねない重い食物アレルギー症状《しょうじょう》に対処《たいしょ》する“命綱《いのちづな》”となる自己注射薬《じこちゅうしゃやく》「エピペン」の承認《しょうにん》（2005年）や、保険適用（11年）を実現。緊急時《きんきゅうじ》に教職員《きょうしょくいん》がエピペンを子どもに注射できることを明記するなど、学校生活でのアレルギー疾患《しっかん》への対処のあり方を示《しめ》すガイドライン（指針《ししん》）も発行させた（08年）。これらを通じ、アレルギーをもつ子どもが安心して暮《く》らせる環境づくりを大きく進めた。

10 児童虐待防止《ぎゃくたいぼうし》に取り組む　0歳～18歳未満

❖2004（平成16）年に2人の子どもが虐待され亡《な》くなった事件《じけん》をきっかけに、児童虐待防止の意識啓発《いしきけいはつ》運動のシンボルマークとなったオレンジリボン。公明党は、毎年11月の児童虐待防止推進月間に、オレンジリボン街頭演説《えんぜつ》会を行っている。00（平成12）年には、児童虐待防止法の制定に力を注ぎ、法律《ほうりつ》で虐待の定義《ていぎ》や通告義務《つうこくぎむ》を明確《めいかく》にした。その後も法改正による児童相談所の立ち入り調査《ちょうさ》の権限《けんげん》強化や、親権《しんけん》の一時停止制度の新設《しんせつ》のほか、生後4か月までの乳児《にゅうじ》のいる全家庭を訪問《ほうもん》する「こんにちは赤ちゃん事業」の展開《てんかい》、通告・相談ダイヤル（189）の開設《かいせつ》など、対策を進めてきた。

11 児童扶養《ふよう》手当の支給額を増やす　0歳～18歳に達する年度末

❖ひとり親家庭の子どもへの経済的支援《しえん》として、子どもが18歳《さい》になった日以後の最初の3月31日まで支給される。2016（平成28）年の法改正では、公明党の提案《ていあん》を受け、第2子以降の支給額が最大で倍増《ばいぞう》となった（第2子が5000円から最大1万円、第3子以降が3000円から最大6000円）。

12 育児休業給付金の給付率アップ　0歳～最長2歳

❖育児休業の期間、雇用《こよう》保険より支給される育児休業給付金。給付率は、1995（平成7）年の「賃金の25%」が現在では67%に（休業開始から半年間。それ以降は50%）。

【参考文献】公明党ウェブサイト／内閣府ウェブサイト／文部科学省ウェブサイト／厚生労働省ウェブサイト

Column

仕事に向き合う姿勢《しせい》

――池田SGI会長の折々の言葉から

「衆望《しゅうぼう》」の章で言及《げんきゅう》されている、
学会員の仕事観、労働観。
小説『新・人間革命』には、
仕事を通して自分を磨《みが》き高め、
社会に貢献《こうけん》していく
挑戦《ちょうせん》を重ねる学会員の姿《すがた》が、
随所《ずいしょ》に描《えが》かれている。
人生の重要なテーマである
仕事をどのようにとらえ、
どんな実践《じっせん》をしてきたのか、
池田ＳＧＩ会長の
折々の言葉からひもといてみる。

職場《しょくば》は、自分を磨く人間修行《しゅぎょう》の場

「どんな仕事であれ、
どんな立場であれ、
題目を唱える自分自身が
智慧《ちえ》を出し、力を尽《つ》くして、
世のため、人のため、
誠実《せいじつ》に価値《かち》を創造《そうぞう》していく。
それは、全《すべ》て
『心の財《たから》』を積む仏道《ぶつどう》修行になります」（※1）

●「御《おん》みやづかいを法華経《ほけきょう》とをぼしめせ」（※2）（自分の仕事を法華経の修行であると思っていきなさい）

この日蓮大聖人《にちれんだいしょうにん》の御書《ごしょ》の一節は、仕事や家庭、地域《ちいき》といった現実《げんじつ》社会、日々の生活を、信仰《しんこう》を根本とした自身の生き方を示《しめ》す場であるととらえ、信頼《しんらい》される社会人として一人《ひとり》ひとりの成長を大切にすることを教えている。

池田会長は、「仕事と信心は、別々ではない。むしろ、仕事を最大に充実《じゅうじつ》させていく原動力が、信心であり、学会活動なのです」（※3）と語り、反対に、〝信心をしているからなんとかなるだろう〟と向上への努力を怠《おこた》り、自分の仕事をおろそかにする心を、御書に反する考え方であり、慢心《まんしん》の表れとして、戒《いまし》めている。

【出典】※1、3「聖教新聞」2012年5月22日付　※2『日蓮大聖人御書全集』創価学会版

信用こそ宝《たから》、信用こそ力

「いかに
優秀《ゆうしゅう》な人であっても、
社会のルールを無視《むし》したり、
おろそかにしては、
誰《だれ》からも信用されない。
信用という土台があって、
初めて、自分の力量も
存分《ぞんぶん》に発揮《はっき》していけるのだ」（※4）

●池田会長は、社会で信頼を勝ち取ることの大切さを常々《つねづね》語ってきた。その具体的な実践のひとつに、交《か》わした〝約束〟を一つひとつ守ることを挙げている。

「顧客《こきゃく》と約束した期日を守る。上長と約束した業務《ぎょうむ》を適切《てきせつ》に処理《しょり》する。自分自身と約束した目標を完遂《かんすい》する――仕事には、すべて『約束』という行為《こうい》が含《ふく》まれる。たかが五分、たかが紙一枚《まい》、たかが数字一つであっても、そこに約束があれば、決しておろそかにできない。これが仕事である」（※5）

また、見栄《みえ》を張《は》ったり取り繕《つくろ》ったりせず、「失敗しても、そこから学び、また挑戦する。地道であっても、忍耐強《にんたいづよ》く創意工夫《そういくふう》を重ねていく」（※6）、こうした誠実な姿のうえに、信用は築《きず》かれるとし、社会に根を張っていくための要諦《ようてい》を示している。

朝に勝つ

「さわやかな朝の出発は、
一日の充実と、
堅実《けんじつ》な前進の日々をもたらす。
それは必ずや満足と勝利の
人生として結実していく。
ゆえに、朝に勝ち、
一日一日、さわやかなスタートを
飾《かざ》りゆくことだ」（※7）

●21歳《さい》で戸田城聖《とだじょうせい》第二代会長の会社に入社した若《わか》き日の池田会長も、毎朝30分前には出勤《しゅっきん》し、だれに言われたのでもなく、皆《みな》が気持ちよく仕事に励《はげ》めるようにと掃除《そうじ》をした。そして元気なあいさつで、先輩《せんぱい》たちを迎《むか》えた。自らが模範《もはん》になろうと努め、「やがて、職場の雰囲気《ふんいき》が目に見えて変わっていったことが、嬉《うれ》しかった」（※8）と、当時を述懐《じゅっかい》している。

「まずは朝に勝つことである。そして、清々《すがすが》しい声で『おはようございます！』とあいさつをする。自身の『声』で、皆を元気にする。職場を明るくする。そういう気概《きがい》を持つことである」（※9）

〝遅刻《ちこく》をしない〟〝朝寝坊《あさねぼう》しない〟など、一見ささいに思えるような地道な挑戦、小さな勝利の積み重ねにこそ、一切《いっさい》の「勝利」と「成長」への源泉《げんせん》があることを、繰《く》り返し語っている。

【出典】※4、17『池田大作全集』第132巻 随筆「新・人間革命」　※5『池田大作全集』第139巻 随筆「人間世紀の光」
※6『勝利の人間学』（池田大作 著）聖教新聞社　※7『池田大作全集』第70巻 スピーチ
※8『池田大作全集』第129巻 随筆「新・人間革命」　※9、14『青年抄』（池田大作 著）徳間書店

信心は一人前、仕事は三人前

「人の三倍の努力を心がけ、会社や社会の発展《はってん》の原動力になっていくということです。信心は、その源泉なのです」（※10）

●この言葉をどうとらえればいいか、との青年の質問《しつもん》に、池田会長は「一言でいえば、『努力』です」（※11）と答えている。そして、自分に与《あた》えられた仕事だけをこなせばよいという無責任《むせきにん》な姿勢ではなく、「周囲にも目を配り、皆の仕事がうまくいくように心を砕《くだ》くことが大切である。また、後輩《こうはい》も育て上げなければならない。さらに全体観に立ち、未来を見すえ、仕事の革新《かくしん》、向上に取り組む」（※12）――その姿勢を「三人前」と表現《ひょうげん》した戸田会長の指導《しどう》にふれ、「『一人前』の信心があってこそ、『三人前』といえる堂々たる仕事を成し遂《と》げ」（※13）ることができると、仕事と信仰との関係を示した。職場で信心に反対されることが少なくなかった草創期《そうそうき》、多くの人がこの指導を指針《ししん》とし、仕事と信仰活動の両立に挑戦してきた。この姿勢は、学会の伝統《でんとう》ともいえる精神《せいしん》として受け継《つ》がれている。

今いる場所で勝て

「思い描いた理想と違《ちが》う職場で、働く人もいるであろう。人が羨《うらや》ましく見えるときもあるかもしれない。しかし、大事なことは、今いる場所で勝つことだ。眼前《がんぜん》の仕事を、忍耐強く成し遂げていくことである」（※14）

●池田会長は、戸田第二代会長のもとで金融《きんゆう》の営業《えいぎょう》に携《たずさ》わったときのことを、「全く畑違いで、最も苦

〝いなくてはならない人〟に

「職場で好かれる人に、頼《たよ》られる人になることです。また職場の仕事に努力していくことを忘《わす》れてはならない。それが『本有常住《ほんぬじょうじゅう》』を説《と》く仏法の信仰者の正しい生き方なのです」（※18）

●池田会長は「人の価値は、職業《しょくぎょう》や役職《やくしょく》などでは決まらない。人間性《にんげんせい》、そして行動によって決まっていくものである。私《わたし》たちは〝いなくてはならない人〟になっていきたい」（※19）と呼《よ》びかけた。

戸田第二代会長も、職業の悩《なや》みをもつ青年に対し「『なくてはならない人』になることだ」（※20）と励まし、「嫌《いや》な仕事から逃《に》げないで、御本尊《ごほんぞん》に祈《いの》りながら努力していくうちに、必ず最後には、自分にとって『好きであり、得であり、しかも社会に大きな善《ぜん》をもたらす』仕事に到着《とうちゃく》する」（※21）。そして「振り返ると、これまでやってきた苦労が、一つのむだもなく、貴重《きちょう》な財産《ざいさん》として生きてくる」（※22）と語った。

手とする」（※15）ことだったと率《そっ》直《ちょく》に語っている。しかし、〝最高の働きをしよう。これは新しい力をつけるチャンスだ〟と果敢《かかん》に取り組み、窮地《きゅうち》にあった戸田会長の事業を再建《さいけん》することができた。そして「そこから、かけがえのない人間学を学ぶこともできました」（※16）と振《ふ》り返っている。

つらい下積みの仕事や自分には不向きと思える仕事も、「お仕着せの義務《ぎむ》ではなく、自分の権利《けんり》としていくチャレンジ精神」（※17）で挑《いど》んでいけば、すべて自身の成長の好機に変えていけるとし、「いつか」「どこかにある」理想郷《りそうきょう》を求めるのではなく、「今」「ここで」成長し、向上し、人間革命していく挑戦を、とエールを送っている。

【出典】※10、11『御書と青年』（池田大作 著）聖教新聞社　※12、13『池田大作全集』第135巻 随筆「人間世紀の光」
※15、16「聖教新聞」2012年5月23日付
※18『普及版 青春対話――21世紀の主役に語る』〈1〉（池田大作 著）聖教新聞社
※19「聖教新聞」2006年12月27日付　※20〜22『池田大作全集』第86巻 スピーチ

『新・人間革命』名言集

第8巻〜第9巻

幸福

すべての人が幸福になる権利をもっている。いな、
最も苦しんだ人こそが最も幸せになる権利がある。
……第8巻・激流より

人間の本当の輝きは、なんによって決まるか。
それは、財力でもなければ、権力でもありません。

＊

わが使命に生き抜《ぬ》く時に、
最高最大の歓喜《かんき》と輝きの人生を歩むことができる。
この内なる生命の燃焼こそが、
色褪《あ》せぬ人間性の輝きであり、
三世を荘厳《そうごん》する光彩《こうさい》であります。
……第8巻・布陣より

若くても、老いている人もいる。
年は老いていても若い人もいる。
人間の若さの最大の要因は、
常に向上の心を忘れない、
柔軟《じゅうなん》な精神にあるといえます。
また、人間の幸福は、人生の晩年を、
いかに生きたかによって決まるといえます。
過去がどんなに栄光に輝き、
幸福であったとしても、晩年が不幸であり、
愚痴《ぐち》と恨《うら》みばかりの日々であれば、
これほど悲惨《ひさん》なものはありません。
さらに、幸福は、財産によって決まるものではない。
社会的な地位や名誉《めいよ》によって決まるものでもない。
幾《いく》つになっても、生きがいをもち、
使命をもって、
生き抜くことができるかどうかです。
……第8巻・布陣より

幸福をつかむには、
難を乗り越《こ》えなくてはならない。

＊

大変だなと思われるかもしれませんが、
風がなければ、凧《たこ》も揚《あ》がりません。
私どもも、
悪と戦い、難を受けてこそ、
磨《みが》き鍛《きた》えられ、人格の光彩を増していくんです。
難に負けず、邪悪《じゃあく》と戦い続ける人生こそ、
最も崇高《すうこう》であり、
そこにわきいずる無限の生命力が、
使命の躍動《やくどう》が、幸福の大空へと
自らを飛翔《ひしょう》させる活力となるのであります。

……………………第8巻・布陣より

自分を幸福にするのは、
他人ではありません。
科学でも、また、政治でもありません。
自己自身の一念であり、
自らの生命を開きゆく尊き信心にあります。

……………………第8巻・布陣より

人間の幸福といっても、
自分の臆病《おくびょう》や
怠惰《たいだ》などの弱さと戦い、
勝つことから始まります。
人間革命とは、
自己自身に勝利していくことであり、
そのための、
いわば道場が、
学会活動の場であるともいえます。

……………………第8巻・布陣より

幸福の要諦《ようてい》は
自分の心に打ち勝つこと。

……………………第8巻・清流より

人間は、
自分の殻《から》を破り、
境涯《きょうがい》を開くことによって、
同じ環境《かんきょう》にいても、ものの見方も、
感じ方も、すべて異なってくる。

……………………第8巻・宝剣より

青年

夢をもたない青年はいない。
夢や憧《あこが》れをいだくことは、
青春の特権といってもいいだろう。
しかし、その夢を実現していく人は、
あまりにも少ない。
多くの場合、
現実の困難という逆風にあうと、
たちまち穴のあいた風船のように
しぼんでしまうものである。
その厳しき現実のなかで、
夢に向かって、最後まで飛翔《ひしょう》し続けてこそ、
夢は現実となるのである。

……………………第8巻・布陣より

青年ならば、一人立つことだ。
そこから、すべては変わっていく。

……………………第8巻・宝剣より

社会、
世界をどうするのか、
最高に価値ある生き方とは何か、
といった問題をおろそかにし、
なんの信念も、
哲学《てつがく》もない人生であってはならない。
青年がそうであれば、
最後は、
自分も社会も不幸です。

……………………第8巻・宝剣より

目前《もくぜん》の困難が、
人間の夢を厳しく淘汰《とうた》していく。

＊

冬の寒さに耐《た》えて、
美しい花が開くように、
努力と忍耐《にんたい》なくして、
夢の開花はない。

……………………第8巻・布陣より

あなたは、一人になり、
孤独《こどく》になってはだめだよ。
行き詰まってしまうからね。
常に心を開いてくれる、
触発《しょくはつ》と励《はげ》ましの組織が学会なんだ。
だから、勇気をもって、
その学会の組織のなかに
飛び込《こ》み、人びとのために働《はたら》くことだ。

……第8巻・宝剣より

自分の幸福のみを願う、
利己的《りこてき》な生き方には、
人生の本当の喜びはないし、
また、華《はな》やかさは、
空《むな》しさと表裏《ひょうり》であることを知らねばならない。
わが人生を荘厳《そうごん》しゆくために不可欠なことは、
青年時代に、
精神の強固な芯《しん》をつくりあげることである。
そのための哲学《てつがく》を確立することである。

……第8巻・清流より

今は、
どんなに大変な境涯《きょうがい》であろうとも、
どんなに厳《きび》しい職場《しょくば》であろうとも、
それでいいんです。
若い時に、逆境《ぎゃっきょう》のなかで
生きた人の方が、かえって将来、
立派《りっぱ》に人生の総仕《そう》上げを
していけるものです。

……第9巻・鳳雛より

豊《ゆた》かな心を培《つちか》い、
また、人間としての生き方の
骨格《こっかく》をつくっていくのが信仰《しんこう》です。
だから、
若いうちから、
信心をすることが大事になる。
人間として大成《たいせい》するために、
信仰の『種』、
信念の『種』、哲学《てつがく》の『種』を
植えていくんです。

……第9巻・鳳雛より

青春時代は
人間形成の最も大切な時期であり、
十代、二十代の努力、
精進《しょうじん》によって、その将来《しょうらい》は大きく決定される
……………………第9巻・鳳雛より

焦《あせ》らずに、一つ一つの課題に、
粘《ねば》り強く挑戦《ちょうせん》していきなさい。
自信というのは、
一朝一夕《いっちょういっせき》につくものではない。
雪だってすぐには、降《ふ》り積もらないもの。
勇気をもって、
日々、努力を重ねていくなかで、
自信もついてくるからね。
……………………第9巻・光彩より

青年は、時代の宝《たから》である。先駆《さきが》けの光である。
一条《いちじょう》の光が闇《やみ》を破《やぶ》り、朝を告げるように、
さっそうとした青年の活躍が、
希望の朝《あした》を開いていく。
……………………第9巻・光彩より

世界の指導者《しどうしゃ》を見ると、
多くは、十代、二十代で、人生の哲学《てつがく》、思想、
信念をもち、それを貫《つらぬ》いて、三十代、四十代で、
偉大《いだい》な仕事を成《な》し遂《と》げております。
青春時代に、生き方の骨格《こっかく》をつくり、
さらに完成させていくところに、
確かな人生の道があります。
……………………第9巻・鳳雛より

リーダー

海面に現れた氷山は、
ほんの一角であるように、
表面に出て活躍《かつやく》する人の陰には、
その人を支える多くの人間がいるものだ。

＊

〝陰の人〟への配慮《はいりょ》は、
指導者の義務といえる。
……………………第8巻・布陣より

幹部は、
権威《けんい》ぶっているのではなく、
みんなと一緒《いっしょ》に行動することが大事だ。
また、激励《げきれい》や指導、
触発《しょくはつ》は、会合でなければ
できないというものではない。
風呂《ふろ》に入りながらでも、
食事をしながらでもできる。

……第8巻・布陣より

自分は苦労もしないで、
高みから見下ろし、
あれこれ言うのは、
官僚主義《かんりょうしゅぎ》に毒《どく》されている。
自分では気づかなくとも、
堕落《だらく》が始まっているんです。

＊

常に〝自己教育〟していける人でなければ、
本当の幹部とはいえません。

……第8巻・布陣より

〝自分が、自分が〟という
自己中心的な生き方や
スタンドプレーでは、
後輩《こうはい》は育たない。
みんながどうすれば、
明るく、楽しく、
力を発揮できるのかを考えて、
自分よりも、
皆に光が当たるようにしていくことが大事だ。
そして、みんなの話をよく聞き、
一人ひとりを温かく包んでいくことだ。
心の冷たい、
機械のような幹部であれば、
最後は、
誰《だれ》からも相手にされなくなってしまう。
信仰《しんこう》というのは、
人間性の錬磨《れんま》であることを
忘れてはいけない。

……第8巻・布陣より

指導者には、知識・学力は必要ではあるが、
同時にそれを生かす知恵《ちえ》こそ、不可欠である。
また、勇気、信念、情熱、行動力の有無も、
重要なポイントとなる。
さらに、何よりも、他人を思いやる心や、
自分を律する力など、
人格、人間性の輝《かがや》きといった事柄《ことがら》が、
求められていかねばならない。
そして、それは、その人のもつ思想、
哲学《てつがく》と不可分の関係にある。

…………第8巻・宝剣より

死という問題に直面した時には、
人は無力にならざるをえない。
だが、仏法にだけは、そして、信心《しんじん》にだけは、
その死の問題の確かな解決の道がある。
それを教え、一人ひとりの同志に、勇気を与《あた》え、
希望を与え、確信を与えていくのが幹部です。
だから幹部は、苦しんでいる人の立場になって、
激励に次ぐ激励を重ねていってもらいたい。

…………第8巻・激流より

リーダーとして大事なことは、
誰《だれ》からも好かれるということです。
人間は感情《かんじょう》の動物だ。
だから、どんなに話が
理路整然《りろせいぜん》として正しくても、
あの人はいやだなと思ってしまえば、
素直《すなお》に話を聞けなくなってしまう。
では、人に好かれるにはどうしたらよいか。
こちらから笑顔《えがお》で言葉をかけ、
語り合い、
友人になっていくことです。
絶対《ぜったい》に威張《いば》るようなことが
あってはならない。
また、思いやりをもつことです。
その思いやりの根本は、
祈《いの》りです。
人間は、自分の幸福を祈り、
念じてくれている人には、
必ず心も開くし、好感をもつものです。

…………第9巻・新時代より

中心者の
成長が止まってしまえば、
口先の指導はできても、
メンバーの生命を
触発していくことはできません。

……第9巻・光彩より

苦悩のない人からは、
偉大な人間性の輝きは生まれない。
悩みをかかえているということ自体は、
恥でもなんでもない。

＊

言い換えれば、
悩みがあるからこそ、
真剣に、広布の活動に励めたといえる。
学会のリーダーとして、
最も重要なことは、
悩みに負けないということだ。
これが一番の条件だ。

……第9巻・光彩より

団結

活動が思うように進まない組織《そしき》というのは、
対話がなく、その活動の意義《いぎ》などを、
皆《みな》が心から納得《なっとく》していない場合がほとんどである。
納得がなければ、人は押《お》しつけられたように感じ、
意欲《いよく》をもって、活動に取り組むことはできない。
対話というのは、まず、相手の意見、
考えを、よく聞くことから始まる。

……第9巻・光彩より

一人ひとりは、
どんなに力があっても、
仲が悪ければ、
全体として力を発揮《はっき》することはできない。
逆《ぎゃく》に仲の良い組織《そしき》というのは、
それぞれが、もてる力の、
二倍、三倍の力を発揮しているものである。

……第9巻・衆望より

大事なのは、常《つね》に目標をもつということです。
目標がなければ、空虚《くうきょ》になり、
活動も空転してしまう。
しかし、目標があれば、未来への希望が
わいてくるし、力も出る。また、みんなが、
定めた目標を必ず達成しようと思うならば、
おのずから、団結《だんけつ》も生まれてくる。
ところが、中心者に、〝挑戦《ちょうせん》の心〟と
〝強い生命力〟がないと、
たやすく達成できる目標を掲《かか》げたり、
いい加減《かげん》に目標を決めて、それを、
みんなに押しつけたりするようになる。それでは、
みんなが本気になって力を出すことはできない。
だから中心者には、〝挑戦の心〟が、
〝強い生命力〟がなくてはならない。
さらに、自分一人《ひとり》になっても、
この目標は達成してみせるという、
偉大《いだい》なる責任《せきにん》感がなければならない。
リーダーの、その心意気に、気迫《きはく》に打たれて、
みんなも頑張《がんば》ろうという気になるんです。

…………第9巻・光彩より

どうすれば、
同志《どうし》の団結《だんけつ》が図《はか》れるのか。
根本は祈りです。
題目を唱え抜《ぬ》いていくことです。
いやだな、苦手だなと思う人がいたら、
その人のことを、
真剣《しんけん》に祈っていくんです。
いがみ合ったり、
争い合うということは、
互いの境涯《きょうがい》が低いからです。
相手の幸福を祈っていくことが、
自分の境涯を
大きく開いていくことになる。
また、誤解《ごかい》から、
感情の行き違《ちが》いを生むことも多いから、
心を開いて、
よく話し合うことです。
勇気をもって、対話することです。

…………第9巻・衆望より

人材育成

魂《たましい》を注がずしては、
人に触発《しょくはつ》をもたらすことは、決してできない。

＊

人を励《はげ》まし、勇気づけ、
使命の種子《しゅし》を芽吹《めぶ》かせる作業は、
地味であり、多大な労力を必要とする。
皆《みな》、なかなか、
その尊《とうと》き意義に気づかない。
たとえ、気づいたとしても、
労作業ゆえに、回避《かいひ》しようとする。
だが、どこまでも、
一個《いっこ》の人間を見つめ、
人間を信じ、
人間の光彩《こうさい》を引き出すことからしか、
人類の平和の夜明けは始まらない。

……第9巻・光彩より

苗《なえ》を植えなければ、木は育たない。
大樹《たいじゅ》が必要な時になって苗を植えても、手遅《ておく》れだ。
手を打つべき時を逃《のが》してはならない。
そして、最も心を砕《くだ》き、
力を注がなくてはならないのは、苗を植えた時です。
枯《か》れずに、ちゃんと根を張《は》って伸《の》びていけるのか、
太陽の光が当たるのか、水や肥料《ひりょう》は十分に
行き渡《わた》っているのか、よく見ていく必要がある。

……第9巻・鳳雛より

何もしなければ、人は育たない。
大切なのは触発《しょくはつ》だ。その触発をもたらすには、
日々、命を削《けず》る思いで、成長を祈《いの》ることだ。
そして、〝どうすれば、みんなの励《はげ》みになるのか〟
〝どうすれば、希望がもてるのか〟
〝どうすれば、勇気が出せるのか〟を、
瞬間瞬間《しゅんかんしゅんかん》、懸命《けんめい》に考え続けていくことだ。
強き祈りの一念が智慧《ちえ》となり、
それが、さまざまな発想となる。
責任感《せきにんかん》とは、その一念の強さのことだ。

……第9巻・鳳雛より

人間なら誰《だれ》しも、欠点はある。
切り捨《す》てることはたやすいが、
欠点があるからといって、
次々と排斥《はいせき》していってしまえば、
人を育てることなどできない。
人間の善性《ぜんせい》を信じるところに、
人を育てる要諦《ようてい》があり、
仏法者《ぶっぽうしゃ》の心もある。

……………………………………第8巻・宝剣より

人間は、
実際《じっさい》に責任《せきにん》をもつことによって、
使命を自覚し、不思議なくらい
力を発揮《はっき》していくものである。

＊

青年には、自由な活躍《かつやく》の舞台《ぶたい》を与《あた》え、
それを見守ることである。
先輩《せんぱい》には、〝もし、青年に失敗があれば、
最後の責任は自分が取る〟という
度量がなくてはなるまい。

……………………………………第8巻・宝剣より

一本の薪《たきぎ》が燃《も》え上がれば、
火は、次々と、ほかの薪に燃え広がり、
暖炉《だんろ》は、まばゆい炎《ほのお》に包まれる。
同様に、一人が立ち上がれば、
そこから、
人材の流れがつくられていく。

……………………………………第9巻・光彩より

人を育成するには、
会うことである。
語り合うことである。
ともに、行動することである。
そして、触発《しょくはつ》をもたらすことである。

……………………………………第8巻・清流より

どこまでも対等な人格として、
若き同志として接していくことです。
同じ人間として、
人格の触発を行っていくことが、
本当の指導です。

……………………………………第9巻・鳳雛より

若き同志の成長には、
希望の指標が必要である。
めざすべき目標が定まれば、
その歩みには、大きな力がこもる。

第9巻・鳳雛より

振る舞い

広宣流布《こうせんるふ》のために
全力を尽《つ》くすのは当然ですが、
〝信心のためだから、これでいいんだ〟
などと考えては、
絶対にいけません。
どんなに忙《いそが》しくとも、
家族への配慮《はいりょ》を忘《わす》れてはならない。
それが信心なんです。
それが、一家和楽の勝利への道です。

第9巻・光彩より

感謝《かんしゃ》があり、
ありがたいなと思えれば、
歓喜《かんき》がわいてくる。
歓喜があれば、
勇気も出てくる。
人に報《むく》いよう、
頑張《がんば》ろうという気持ちにもなる。
感謝がある人は幸せである。

第9巻・光彩より

婦人が学会活動に励《はげ》むには、
当然、家族の理解《りかい》と協力が必要になる。
理解を得るには、
家族を大切にすることである。
自身の振る舞いを通して、
仏法《ぶっぽう》がいかなる教えであり、
学会の指導《しどう》がいかなるものであるかを、
示《しめ》していく以外にないからだ。
つまり、家族の間にあって、
信頼《しんらい》と尊敬《そんけい》を勝ち得ることだ。

第9巻・光彩より

信心をしているから、
また祈《いの》っているから、
事故が起きない
などという考えは誤《あやま》りです。
信心をしているからこそ、
絶対《ぜったい》に事故など起こすものかという、
強い決意、一念が大事なんです。

……第9巻・新時代より

主体的な生き方

すべての人が、
なんらかの悩《なや》みをかかえているものだ。
いっさいが恵《めぐ》まれた人間などいません。
学会っ子ならば、
どんな立場や状況《じょうきょう》にあろうが、
果敢《かかん》に挑戦《ちょうせん》し、人生に勝っていくことだ。
どうなるかではなく、自分がどうするかです。

……第9巻・鳳雛より

君が一人《ひとり》立てばいいんだ。
そうすれば、必ず人は出てくる。一人が大切なんだ。

……第9巻・新時代より

自分の一念、生命が変われば、
周囲の感じ方も変わってくるし、
環境《かんきょう》そのものが変化していく。

……第9巻・鳳雛より

人が何かしてくれないと、
不平と不満を感じ、
いつも、文句《もんく》ばかりが出てしまう。
そして、少し大変な思いをすると、
落ち込《こ》んだり、ふてくされたりする。
それは、自分で自分を惨《みじ》めにし、
不幸の迷路《めいろ》をさまようことになる。

＊

すべては自分にある、自分が何をなすかだという、
人間としての〝自立の哲学《てつがく》〟がないからなんだ。
その哲学こそが、仏法なんだよ。

……第9巻・光彩より

励まし

言葉は光である。
たった一言が、
人間の心に、
希望の光を送ることもある。

……第8巻・布陣より

使命

未来の使命を
自覚した人は強い。
その時、才能の芽は、
急速に伸びるといってよい。

……第9巻・鳳雛より

前進

使命に生きていこうとすることは、
理想論を語ることではない。
観念の遊戯《ゆうぎ》ではない。
足もとを見つめて、
現実を打開していくのが信心です。
困難を乗り越えていく姿のなかに、
信心の輝きがある。

……第9巻・鳳雛より

勝とうと思えば、
目標を立て、決意を定め、
真剣《しんけん》に唱題に励《はげ》むことから
始めなければならない。
さらに、知恵《ちえ》を絞《しぼ》って、
勇気をもって挑戦《ちょうせん》し、
粘《ねば》り強く行動していく以外にありません。

……第8巻・布陣より

前進には、
めざすべき目標が必要である。
目標が定まれば、
月々日々の行動も明確になり、
歩みにも力がこもる。

……第8巻・宝剣より

⚜ 信仰

根のない人生は、
波間に漂《ただよ》う浮草《うきくさ》のように、
時流や自分の弱さに流されてしまう。
また、試練の嵐《あらし》の前には、
あえなく挫折《ざせつ》してしまうことになる。
その根こそ、
「信心」であり、
それは、唱題に始まり、唱題に終わる。

……第8巻・布陣より

⚜ 人間革命

一人の人間が、本当に真剣な信心に立ち、
生命力強く、
英知を輝かせていけば、
一家も、一族も、大きくいえば、
一国も変えていくことができる。
戦争といっても、
本当の要因は人間の心にある。
人間の支配欲、征服欲、権力欲、憎悪《ぞうお》、
怨念《おんねん》等々から起こるものです。
だから、平和といっても、
人間革命が根本になる。

＊

だからこそ、
正しい哲学を確立し、
人間の生き方、考え方、
そのものを変えていかなくてはならない。
それが人間革命です。

……第9巻・鳳雛より

新・人間革命

Digest

第8巻

章別 **ダイジェスト**

各章のあらすじ

もっと知りたいあなたに

池田SGI会長の著作から

布陣の章

◉1963（昭和38）年5月、山本伸一《やまもとしんいち》は、翌年《よくねん》に迫《せま》った師《し》・戸田城聖《とだじょうせい》の七回忌《かいき》に向け、今なすべきことは何かを思索《しさく》。「まず幹部《かんぶ》の胸中《きょうちゅう》に、学会精神《せいしん》をみなぎらせることから始めよう」と、深く決意した。「学会精神」とは、初代会長・牧口常三郎《まきぐちつねさぶろう》から第二代会長・戸田城聖へと受け継《つ》がれた「師弟《してい》の不二《ふに》の道」を継承《けいしょう》しゆく精神にほかならなかった。

会長就任《しゅうにん》3周年となる5月3日の本部総会《そうかい》などで、人事の大幅《おおはば》な刷新《さっしん》と、組織《そしき》の刷新・拡充《かくじゅう》が次々に発表された。伸一は、リーダーのあるべき姿《すがた》について語り、身をもってその範《はん》を示《しめ》すのだった。

翌6月、伸一は、鹿児島・宮崎へ指導《しどう》に赴《おもむ》き、奄美大島《あまみおおしま》を初訪問《ほうもん》。限《かぎ》られた時間のなか、島のメンバーたちに渾身《こんしん》の激励《げきれい》を送った。

奄美総支部《そうしぶ》結成大会の様子が描《えが》かれるとともに、「宿命の島」奄美が辿《たど》ってきた苦難《くなん》の歴史《れきし》が紹介《しょうかい》される。そして、奄美の草創期《そうそうき》の学会員たちの苦闘《くとう》のエピソードが綴《つづ》られていく。

布陣の章＊もっと知りたいあなたに

Database

【随筆「新・人間革命」】

◉世界の太陽・婦人部
笑顔満開！　創価の母の大行進
――（130）

◉「同志の歌」と鹿児島
広宣流布の大願へ
断固と生き抜け！――（131）

◉わが共戦の同志・多宝会
偉大なる常楽我浄の人生
――（133）

【随筆「人間世紀の光」】

◉誇り高き偉大なる婦人部を讃う
輝け！「女性の幸福の世紀」
――（137）

◉尊き「多宝会」の同志、万歳！
「仏」とは戦い勝つ忍耐の生命
――（137）
『随筆 旭日の光』所収

◉離島の同志 万歳！（上）
歓喜の幸福島は ここにあり
――（139）
『随筆 出発の光』所収

◉離島の同志 万歳！（下）
心は一つ！　創価の師弟の旗高く
――（139）
『随筆 出発の光』所収

※（　）内は『池田大作全集』の巻数

宝剣の章

◉1963(昭和38)年7月1日、山本伸一は男子部幹部会に出席し、戸田城聖の七回忌を期して、創価学会が「本門《ほんもん》の時代」――「広宣流布《こうせんるふ》の本格的《ほんかくてき》な展開《てんかい》の時代」に入ることを宣言《せんげん》した。

その4日後に開かれた女子部幹部会では、男子部・女子部がそれぞれ部員100万人達成を目標とすることを提案《ていあん》。それは、目標を示《しめ》すことによって新たな希望を与《あた》えたいとの配慮《はいりょ》であった。また、集《つど》った女子部員たちに、個人指導《こじんしどう》の大切さを改めて訴《うった》えた。

伸一は「本門の時代」に向け、青年部育成に力を入れた。7月だけで、男子の水滸会《すいこかい》、女子の華陽会《かようかい》の研修会《けんしゅうかい》や、学生部の総会に参加。さらに関西《かんさい》に赴き、京都大学生のメンバーを対象《たいしょう》とした「百六箇抄《ひゃくろっかしょう》」講義《こうぎ》を開始した。

そんななか、「聖教新聞《せいきょうしんぶん》」紙上に、当時の日達法主《にったつほっす》から宗門《しゅうもん》の僧侶《そうりょ》・法華講《ほっけこう》に宛《あ》て、僧侶《そうりょ》のあり方を正す異例《いれい》の「訓諭《くんゆ》」が掲載《けいさい》。その背景《はいけい》には、僧侶たちの腐敗堕落《ふはいだらく》の実態《じったい》があった。

宝剣の章＊もっと知りたいあなたに

Database

【随筆「新・人間革命」】

◉宗教革命の旭日
創価の空に響け"歓喜の歌"
――(129)

◉「戸田大学」の名講義
生命に刻んだ 師の一言一句
――(130)

◉「御書根本」の正道
「第三の千年」照らす仏法の大光
――(130)

◉広宣流布の新布陣
さあ前進！また前進!!
皆の先頭を行く名将たれ――(132)

◉弟子の道 使命の道
勝利の舞 偉大なる男子部に贈る
――(134)

『随筆 春風の城』所収

【随筆「人間世紀の光」】

◉永遠なる二月の闘争
勇敢に堂々と正義を叫べ
――(135)

『随筆 勝利の光』所収

◉「女性の世紀」の若き旭日(中)
永遠の「幸福の宮殿」を開け
――(136)

『随筆 人間世紀の光』所収

◉学生部の使命を讃う
新しき世界を諸君の力で！
――(136)

『随筆 旭日の光』所収

※(　)内は『池田大作全集』の巻数

清流の章

◉1963（昭和38）年7月28日、山本伸一は、言論《げんろん》を民衆《みんしゅう》の手に取り戻《もど》すという使命を担《にな》って発足《ほっそく》した「言論部」の第1回全国大会に出席した。大会の模様《もよう》とともに、歴史に見る「言論の勝利」の事例《じれい》が描《えが》かれていく。

また、8月に海外で初の本部「欧米《おうべい》本部」が誕生《たんじょう》。9月に信濃町《しなのまち》の新学会本部が落成し、10月には民主音楽協会が発足するなど、広布《こうふ》の活発な進展《しんてん》の様子が辿《たど》られる。この間《かん》、男子部の新愛唱歌「世界広布の歌」が発表され、伸一が、女子部への指針《ししん》「女子部に与う」を執筆《しっぴつ》するなど、全国の青年部に、新たな決意の波が広がっていった。

だが、そうした上げ潮《しお》のなか、ある地域《ちいき》の学会組織のリーダーによる金銭《きんせん》問題が発覚する。事件《じけん》の経緯《けいい》を描くことを通して、学会組織を内部から破壊《はかい》しようとする「魔《ま》」の本質《ほんしつ》が考察されていく。

清流の章＊もっと知りたいあなたに

Database

【随筆「新・人間革命」】

◉私の文章修業
励ましの手紙に生命を刻印──（129）

◉富士見ゆる信濃町
平和と文化と幸福の発信地──（129）

◉創価の乙女に贈る
平和の博士・女子部の皆様へ──（134）

『随筆 春風の城』所収

◉「民音」四十周年の栄光
音楽で民衆を結べ 世界を包め──（134）

【随筆「人間世紀の光」】

◉「女性の世紀」のヒロイン
創価の栄光の凱旋門は開かれた
──（136）

◉青年よ言論の闘士たれ
正義の師子吼で創価は勝ちたり
──（137）

◉聖教は勝利の力
寒風の日々
尊き「無冠の友」の無事を祈る──（138）

※（　）内は『池田大作全集』の巻数

激流の章

◉1963（昭和38）年11月23日、アメリカのケネディ大統領《だいとうりょう》が暗殺され、世界に衝撃《しょうげき》と悲しみが広がった。ケネディに共鳴するところが多く、会見予定もあった山本伸一は、彼《かれ》の大統領としての軌跡《きせき》に思いを馳《は》せる。

11月末、伸一は鹿児島と福岡を訪問。63年は、牧口初代会長が鹿児島を訪《おとず》れてから25年後にあたっていた。伸一は、先師《せんし》の死身弘法《ししんぐほう》の闘《たたか》いを偲《しの》び、決意を新たにする。

翌64（昭和39）年1月、学会の代表が韓国《かんこく》を訪問し、現地《げんち》のメンバーと交流する予定になっていた。だが、韓国から渡航不許可《とこうふきょか》の通知が届《とど》く。日本による侵略《しんりゃく》と支配《しはい》の歴史をもつ韓国には、〝日本から来た宗教《しゅうきょう》〟である創価学会に対して根強い誤解《ごかい》があったのだ。

草創期の韓国の学会組織は、激《はげ》しい弾圧《だんあつ》と偏見《へんけん》にさらされた。だが、韓国のメンバーはその〝長い冬〟に耐《た》え抜《ぬ》き、地道な社会貢献《こうけん》と対話によって信頼《しんらい》を勝ち取り、社会にしっかりと根を張《は》っていった。

激流の章＊もっと知りたいあなたに

Database

【随筆「新・人間革命」】

◉韓国の英雄・李舜臣
〝正義の心〟に脈打つ無限の力
──(129)

◉詩情の韓国・済州島
麗しき同志の前進に 栄光燦たれ！
──(130)

◉栄えの王国・佐賀
新世紀に光れ 人間交流の大舞台
──(130)

◉中部五十年──大勝の源流
わが堅塁は強し 民衆の平和城
──(134)

『随筆 春風の城』所収

◉第二の草創期
人間教育の大城・創価大学
──(134)

【随筆「人間世紀の光」】

◉おお 常勝の大関西城！(下)
行動で綴れ！ 凱歌の大叙事詩
──(135)

◉平和革命の松明を君に
全九州の先駆者に勝利あれ
──(136)

◉「青年・躍進の年」へ出発
君よ壮大な勝利の歴史を
──(137)

◉ハーバード大学からの新風
「対話」で平和の世紀を
──(138)

◉桜花の誓い
師匠との約束は 断じて果たす！
──(139)

※(　)内は『池田大作全集』の巻数

新・人間革命

Digest

第9巻

章別 ダイジェスト

各章のあらすじ

もっと知りたいあなたに

池田SGI会長の著作から

新時代の章

◉1964（昭和39）年4月、戸田城聖《とだじょうせい》（創価学会第二代会長）の七回忌法要《き》が盛大《せいだい》に営《いとな》まれた。七回忌までの目標として掲《かか》げた会員300万世帯を大きく超《こ》え、400万世帯を達成して迎《むか》えた節目であった。

山本伸一《やまもとしんいち》は、法要のあいさつで、戸田の出《しゅつ》獄《ごく》からの歩みを綴《つづ》る小説『人間革命』の執筆《しっぴつ》決意を披瀝《ひれき》。さらに、「創価学会も、本門の戦いの時代に入りました」と述《の》べる。それは、学会が仏法《ぶっぽう》を根底に、社会の幅広《はばひろ》い分野で活動を本格的に展開していく時代の幕開けを意味していた。

5月3日の本部総会《そうかい》では、次の7年での600万世帯達成などが目標として打ち出された。さらに、政党《せいとう》結成も視野《しや》に、公明政治連《せいじれん》盟《めい》を一歩前進させる構想《こうそう》についても発表した。

総会を終え、伸一はオーストラリア、セイロン（現《げん》スリランカ）、インドへの旅に出発。帰国直後、インドのネルー首相《しゅしょう》が死去したという衝撃的《しょうげきてき》なニュースに接《せっ》した伸一は、偉《い》大《だい》なリーダーの生涯《しょうがい》に思いを馳《は》せるのだった。

新時代の章＊もっと知りたいあなたに

Database

【随筆「新・人間革命」】

◉フィリピンの心
寛容の大地に開く友情の花――(129)

◉「聖教新聞」の使命
「真実の言論紙」が21世紀開く――(129)

◉迎賓館の思い出(下)
友好の一歩を 必ず平和の大道へ――(130)

◉希望大陸オーストラリア
新千年の空に輝け 人間主義の旭日――(131)

◉世界広布の太陽ブラジル
輝く希望の天地 永遠の平和の大地――(132)

◉わが原点　八月十四日
師は厳しかった 弟子は嬉しかった――(133)

『随筆 平和の城』所収

【随筆「人間世紀の光」】

◉「SGI」の尊き使命
人間の中へ 平和の種子を――(135)

※(　)内は『池田大作全集』の巻数

鳳雛の章

●1964(昭和39)年6月1日、男子部幹部《かんぶ》会の席上で、高等部と中等部の設置《せっち》が発表された。まず、高等部が各地に順次結成され、翌年《よくねん》1月には中等部が、同9月には少年部が結成。

山本伸一は、30年後、40年後の未来を見据《みす》え、育成に全力を注いでいく。激務《げきむ》のなか、時間をこじ開けるようにして高等部の会合に参加し、高等部の旗が完成した際《さい》には、300人近い部長たち一人《ひとり》ひとりに、生命を注ぐ思いで部旗を手渡《てわた》した。

また、高等部への指針《ししん》となる「鳳雛よ未来に羽ばたけ」の執筆や、代表メンバーへの御《ご》書講義《しょこうぎ》も行った。

さらに、伸一は定時制《ていじせい》高校に通う高等部員の育成にも心を砕《くだ》き、働きながら学ぶ彼《かれ》らに渾身《こんしん》の励《はげ》ましを送った。

そのような矢継《やつ》ぎ早の激励《げきれい》によって、鳳雛(鳳凰《ほうおう》の雛《ひな》)たちは自らの使命を自覚し、大きく成長していく。

鳳雛の章＊もっと知りたいあなたに

Database

【随筆「新・人間革命」】

◉未来光る青森
広げよう！ 青年の森 人材の森——(130)

◉栄光の五年会
後継の大樹よ 二十一世紀の勝利を頼む——(131)

◉未来部育成の聖業
正義の師子の心を赫々と伝えよ——(132)

【随筆「人間世紀の光」】

◉未来部・躍進の春
伸びよ 大らかに まっすぐに——(137)

◉世界の希望の宝・未来部(上)
強くなれ 嵐を越えて断じて勝て——(138)
『随筆 栄光の朝』所収

◉世界の希望の宝・未来部(下)
師子の子よ 偉大な師子となれ！——(138)
『随筆 栄光の朝』所収

※(　)内は『池田大作全集』の巻数

光彩の章

●1964(昭和39)年6月、女子部が1年足らずで2倍以上の部員増加《ぞうか》を成し遂《と》げ、念願の部員100万人を達成した。学生部や男子部も目覚ましい部員増《ぞう》を成し遂げていった。

　青年部が弘教《ぐきょう》に先駆《せんく》するなか、山本伸一は学生部総会の席上、創価大学の設立《せつりつ》構想を発表。これもまた、「本門の時代」の幕開けを印象づける出来事であった。

　同年10月、伸一は東南アジア、中東、ヨーロッパ歴訪《れきほう》の旅に出発。初めて東欧圏《とうおうけん》にも足を延《の》ばし、社会主義《しゅぎ》国であったチェコスロバキア(当時)やハンガリーを訪問《ほうもん》。将来《しょうらい》、社会主義国の指導者《しどうしゃ》たちと語り合うことを決意するのだった。

　その後、北欧《ほくおう》のノルウェー、デンマークを訪問。18日間で11か国を歴訪する強行軍のなか、まだ数少なかった各国のメンバーたちに、生涯にわたる発心《ほっしん》の種を植える決意で励ましを送り、世界広布《こうふ》の土台づくりを進めていった。

光彩の章＊もっと知りたいあなたに

Database

【随筆「新・人間革命」】

◉広布の華・芸術部
文化の天使 人生の名優たれ――(130)

◉フランスの希望の歌声
進もう! 人間勝利の凱旋門へ――(131)

【随筆「人間世紀の光」】

◉「SGI」の尊き使命
人間の中へ 平和の種子を!――(135)

◉東欧・ロシアに芽吹く妙法の種
SGI三十年 尊き地涌の友が乱舞――(136)

※(　)内は『池田大作全集』の巻数

衆望の章

●1964（昭和39）年10月、日本中が「東京オリンピック」開催《かいさい》に沸《わ》き立っていた。

オリンピックの成功と、日本の目覚ましい経済発展《けいざいはってん》。だが、その陰《かげ》には、政治の恩恵《おんけい》の光から取り残された庶民《しょみん》の悲しい現実《げんじつ》があった。社会福祉《ふくし》など、民衆《みんしゅう》の生活に直接《ちょくせつ》関《かか》わる環境整備《かんきょうせいび》は後回しにされていたのである。

そのなかにあって、公明政治連盟の議員たちは、仏法の慈悲《じひ》の精神を根底にした政治を と、民衆の幸福の実現《じつげん》のために奔走《ほんそう》していた。義務《ぎむ》教育の教科書無償配布《むしょうはいふ》の推進《すいしん》や、東京都議会公明会の活躍《かつやく》など、戦いの一端《いったん》が紹介《しょうかい》されていく。

64年11月には、ついに公明党が結党《けっとう》。〝民衆が主役の政治〟をめざす、真の大衆政党《たいしゅうせいとう》の誕生《たんじょう》であった。

12月、山本伸一は4度目の訪問となる沖縄《おきなわ》へ。そして、戦争の辛酸《しんさん》をなめたこの地で、平和への深き誓《ちか》いを込《こ》め、師《し》・戸田城聖の伝記小説『人間革命』の執筆を開始した。

衆望の章＊もっと知りたいあなたに

Database

【随筆「新・人間革命」】

◉私の文章修業
励ましの手紙に生命を刻印
——（129）

◉起稿の天地・長野
「言論の国」から人間主義の光
——（129）

◉フレッシュマンに贈る
職場は人間修行のわが道場
——（129）

◉平和の翼
「世界不戦」は、わが魂の叫び
——（129）

◉新社会人の友に贈る
信用は宝 君よ職場の勝利者たれ
——（132）

【随筆「人間世紀の光」】

◉わが社会部の友に贈る
乱世に勝て 価値創造の王者——（135）

◉完勝の旭日・沖縄
友よ綴れ 人間革命の大ドラマ——（135）
『随筆 勝利の光』所収

◉勝利に舞いゆく沖縄
人間革命の〝大光〟で平和の世界に
——（136）

◉桜花の「4・2」に恩師を想う（下）
我は戦う！ 永遠に師と共に——（138）
『随筆 師弟の光』所収

◉フレッシュマンの輝き
社会の大海原で 自己を鍛え抜け——（139）
『随筆 栄光の朝』所収

※（ ）内は『池田大作全集』の巻数

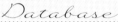

『新・人間革命』第8巻～第9巻で引用された御書（創価学会版『日蓮大聖人御書全集』）の索引

山本伸一《やまもとしんいち》は、御書講義《ごしょこうぎ》を通して、後継《こうけい》の青年たちの育成に力を注いでいきます。
ここでは、『新・人間革命《かくめい》』8～9巻《かん》で引用された御書（創価学会版《そうかがっかいばん》『日蓮大聖人御書《にちれんだいしょうにんごしょ》全集』）の索引《さくいん》を紹介《しょうかい》します。

御書《ごしょ》は、いかなる悲哀《ひあい》からも蘇生《そせい》する光源《こうげん》である。
誰人《たれびと》たりとも幸福勝利《しょうり》を開きゆく推進力《すいしんりょく》である。

——随筆「我等の勝利の大道」御書根本の勇将たれ より　『随筆　幸福の大道』所収

8巻

ページ	御書	引用	章
1180	四条金吾殿御返事	源遠ければ流長し	布陣
955	富木入道殿御返事	命限り有り惜む可からず遂に願う可きは仏国也	
232	開目抄下	詮ずるところは天もすて給え諸難にもあえ身命を期とせん	
968	富木殿御返事	我と両眼をしぼり身命を尽くせり	
1360	諸法実相抄	三世各別あるべからず	
856	百六箇抄	法自ら弘まらず人・法を弘むる故に人法ともに尊し	
1165	四条金吾殿御返事	仏法と申すは勝負をさきとし	
1618	日興遺誡置文	未だ広宣流布せざる間は身命を捨て随力弘通を致す可き事	
1190	聖人御難事	よからんは不思議わるからんは一定	宝剣
234	開目抄下	我並びに我が弟子・諸難ありとも疑う心なくば自然に仏界にいたるべし、天の加護なき事を疑はざれ現世の安穏ならざる事をなげかざれ	
234	開目抄下	我が弟子に朝夕教えしかども・疑いを・をこして皆すてけんつたなき者のならひは約束せし事を・まことの時はわするるなるべし	
183	一昨日御書	謀を帷帳の中に回らし勝つことを千里の外に決せし者なり	
910	種種御振舞御書	妙法蓮華経の五字・末法の始に一閻浮提にひろまらせ給うべき瑞相に日蓮さきがけしたり、わたうども二陣三陣つづきて迦葉・阿難にも勝ぐれ天台・伝教にもこへよかし	
465	持妙法華問答抄	持たるる法だに第一ならば持つ人随つて第一なるべし	

ページ	御書	引用	章
869	百六箇抄	立つ浪・吹く風・万物に就いて本迹を分け勝劣を弁ず可きなり	宝剣
1480	妙心尼御前御返事	病によりて道心はをこり候なり	
1618	日興遺誡置文	謗法と同座す可からず与同罪を恐る可き事	
974	聖人知三世事	日蓮は一閻浮提第一の聖人なり……	
1618	日興遺誡置文	未だ広宣流布せざる間は身命を捨て随力弘通を致す可き事	
1386	松野殿御返事	法師の皮を著たる畜生	
1304	阿仏房御書	貴賤上下をえらばず南無妙法蓮華経と・となうるものは 我が身 宝塔にして我が身又多宝如来なり	
139	真言諸宗違目	慈無くして詐り親しむは即ち是れ彼が怨なり彼が為に悪を除くは即ち是れ彼が親なり	
1153	頼基陳状	跡形も無き虚言なり	清流
1137	王舎城事	極楽寺焼て地獄寺となりぬ	
957	佐渡御書	正法を惜む心の強盛なる	
1056	曾谷殿御返事	いまだこりず候	
708	御義口伝	声仏事を為す	
955	富木入道殿御返事	命限り有り惜む可からず遂に願う可きは仏国也	
1360	諸法実相抄	末法にして妙法蓮華経の五字を弘めん者は男女はきらふべからず	

ページ	御書	引用	章
1190	聖人御難事	月月・日日につより給へ・すこしもたゆむ心あらば魔たよりをうべし	清流
1488	三沢抄	かれが弟子だんな並に国土の人の心の内に入りかわりて・あるひはいさめ或はをどしてみよ	
1190	聖人御難事	始めは事なきやうにて終にほろびざるは候はず	
1389	松野殿御返事	法華経には行者を怨む者は阿鼻地獄の人と定む	
997	治病大小権実違目	百済国より経・論・僧等をわたすのみならず金銅の教主釈尊を渡し奉る	激流
1309	千日尼御前御返事	百済国と申す国より聖明皇・日本国に仏法をわたす	
1087	兄弟抄	魔競はずは正法と知るべからず	
1253	妙一尼御前御消息	法華経を信ずる人は冬のごとし	
1253	妙一尼御前御消息	冬は必ず春となる	
464	持妙法華問答抄	一切衆生・皆成仏道の教	
911	種種御振舞御書	わづかの小島のぬしら	
1466	減劫御書	智者とは世間の法より外に仏法を行ず、世間の治世の法を能く能く心へて候を智者とは申すなり	

ページ	御書	引用	章
1022	三大秘法稟承事	時を待つ可きのみ	新時代
1192	四条金吾殿御返事	前前の用心	
1056	曾谷殿御返事	いまだこりず候	
329	報恩抄	極楽百年の修行は穢土の一日の功徳に及ばず	
1190	聖人御難事	よからんは不思議わるからんは一定とをもへ	
1358	諸法実相抄	法華経の第一方便品に云く	鳳雛
1337	生死一大事血脈抄	総じて日蓮が弟子檀那等・自他彼此の心なく水魚の思を成して異体同心にして南無妙法蓮華経と唱え奉る処を生死一大事の血脈とは云うなり、然も今日蓮が弘通する処の所詮是なり、若し然らば広宣流布の大願も叶うべき者か	
957	佐渡御書	悪王の正法を破るに邪法の僧等が方人をなして智者を失はん時は師子王の如くなる心をもてる者必ず仏になるべし……	
957	佐渡御書	師子身中の虫の師子を食	
957	佐渡御書	仏弟子等・必ず仏法を破るべし	
1360	諸法実相抄	男女はきらふべからず	
1088	兄弟抄	心の師とは・なるとも心を師とせざれ	光彩
383	一生成仏抄	妙法蓮華経と唱へ持つと云うとも若し己心の外に法ありと思はば全く妙法にあらず	
1295	檀越某御返事	御みやづかいを法華経とをぼしめせ	衆望

昭和38年という時代

1月

1日 昭和38年1月豪雪（三八豪雪）〈12月末〜2月初め〉。北陸地方を中心に大雪。死者２２８人、行方不明者３人 ⑦操舵

国産初の連続テレビアニメ「鉄腕アトム」（手塚治虫 作）放送開始。最大視聴率は40％超

8日 **山本伸一、海外訪問に出発〈〜27日〉** ⑦萌芽

2月

10日 『ひみつのアッコちゃん』（赤塚不二夫 作）連載開始

大日本文具（現ぺんてる）、世界初、水性インクを採用した「サインペン」の販売開始

5市が合併し、北九州市が発足。4月1日に、政令指定都市に

28日 名古屋高裁、「昭和の巌窟王」吉田石松に無罪判決。50年に及ぶ無実の訴えが認められる ⑦操舵

3月

17日 シスコ製菓（現日清シスコ）、アメリカで主として朝食に利用されていたコーンフレーク「シスコーン」を発売

31日 吉展ちゃん誘拐事件発生（犯人逮捕は2年後）。この事件をひとつのきっかけとして、のちに身代金誘拐罪が刑法に追加

4月

1日 文部省、小学校1年生に教科書を無償配布

7日 大河ドラマ、放送開始。第1作は「花の生涯」

5月

26日 横綱・大鵬が、大相撲夏場所で全勝優勝。史上初の6場所連続優勝

6月

5日 富山県立山町の黒部川上流に、日本最大のアーチ型ダムをもつ関西電力の「黒部川第四発電所（クロヨン）」が完成

15日 坂本九の「上を向いて歩こう」が、「スキヤキ」の名でアメリカのヒットチャート1位に。売り上げは１００万枚を超えた ⑧宝剣

16日 ソ連の宇宙飛行士テレシコワが、女性として初めて宇宙へ ⑧布陣

フマキラー、世界初の電気蚊取器「ベープ」を発売（6月）

富士製作所（現フジコーポレーション）、計量米びつ「ハイザー」の製造販売開始（4月）

7月11日　老人福祉法公布。9月15日が「老人の日」に

16日　日本初の高速道路「名神高速道路」滋賀県栗東―兵庫県尼崎間、開通

8月5日　米英ソ、「部分的核実験禁止条約（PTBT）」に正式調印。地下以外の核実験が禁止に。10月10日の発効までに100か国以上が署名 ⑧激流

15日　政府主催の第1回全国戦没者追悼式が、東京の日比谷公会堂で開催

28日　人種差別撤廃と雇用拡大を要求する「ワシントン大行進」が行われる。キング牧師が演説「私には夢がある」 ⑧激流

9月5日　草加次郎事件。東京の地下鉄銀座線で時限爆弾が爆発、10人が重軽傷。姿なき連続爆弾犯「草加次郎」の犯行と断定

10月18日　民主音楽協会（民音）が設立 ⑧清流

26日　茨城県東海村の日本原子力研究所、日本初の原子力発電に成功

11月1日　新千円札（伊藤博文肖像）発行

9日　福岡県大牟田市の三井三池炭鉱で炭じん爆発。死者458人（戦後最大の炭鉱事故） ⑧激流

鶴見事故。列車の二重衝突で死者161人、負傷者120人 ⑧激流

21日　神戸港のシンボル、神戸ポートタワーが開業

22日　アメリカ大統領ケネディ、テキサス州ダラスで暗殺 ⑧激流

23日　初の日米間テレビ宇宙中継実験成功。ケネディの暗殺速報を伝える ⑧激流

12月8日　プロレスラーの力道山、刺される（15日、死亡）

21日　教科書無償措置法公布

この年

＊**本**……『**永遠のエルザ**』ジョイ・アダムソン、『**太平洋ひとりぼっち**』堀江謙一

＊**音楽**……「**高校三年生**」舟木一夫、「**見上げてごらん夜の星を**」坂本九、「**こんにちは赤ちゃん**」梓みちよ

＊**映画**……『**天国と地獄**』三船敏郎、『**アラビアのロレンス**』ピーター・オトゥール、『**007は殺しの番号**』ショーン・コネリー

＊**流行語、話題**……カワイコちゃん、三ちゃん農業

昭和39年という時代

1月

27日 厚生省、専門家による肺がん対策打ち合わせ会議を開催。紙巻きたばこの危険性を示唆

フランス、中華人民共和国を承認。両国間の外交関係樹立を発表

2月

2日 オーストリアのインスブルックで開催されていた第9回冬季オリンピック〈1月29日〜2月9日〉で、フィギュアスケートの福原美和が5位。日本人初の入賞

22日 ハワイ出身のジェシー・クハウルア（高見山）が来日し、高砂部屋に入門。のちに、外国人出身力士として初めての関取に

3月

24日 アメリカの駐日大使ライシャワーが、大使館裏玄関で、侵入した少年に太ももを刺されて負傷

4月

1日 IMF（国際通貨基金）8条国に移行。為替制限が撤廃され、円は国際通貨に。海外旅行も自由化（1人1年1回、持ち出しは500ドルまで）

日本初の朝のワイドショー番組「木島則夫モーニングショー」放送開始

6日 カラー人形劇「ひょっこりひょうたん島」放映開始

28日 OECD（経済協力開発機構）に加盟。21番目の加盟国に

5月

12日 **山本伸一、オーストラリア、セイロン（現スリランカ）、インド訪問に出発〈〜24日〉** ⑨新時代

15日 衆議院が部分的核実験停止条約を承認（25日に成立）

27日 インドの首相ネルーが死去 ⑨新時代

6月

14日 飯島秀雄、国際陸上競技会で100m10秒1の日本新を記録（この年の世界最高記録）

16日 新潟地震。新潟県を中心に、M7・5の大地震。死者26人、家屋は、約9000戸が全半壊、約1万5000戸が浸水被害 ⑨衆望

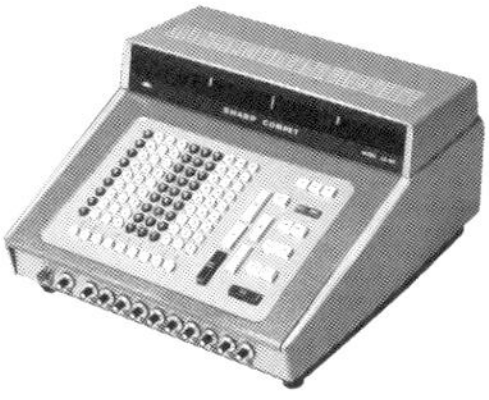

早川電機工業（現シャープ）、世界初のオールトランジスタによる電子式卓上計算機「コンペット」CS-10Aを発表（3月） ©シャープ

カルビー製菓（現カルビー）、スナック菓子「かっぱえびせん」を発売（1月） ©カルビー

8月
4日 トンキン湾でアメリカの軍艦が北ベトナムの魚雷艇による攻撃を受けたとされ（トンキン湾事件）、アメリカが報復爆撃。1971（昭和46）年、事件はアメリカの謀略であったことが明らかに
6日 東京都、異常渇水による水不足が深刻化し、17区で1日15時間断水の第4次給水制限実施。「東京砂漠」の語、生まれる ⑨衆望

9月
7日 富士山山頂に気象観測レーダーが完成
17日 オリンピック聖火、沖縄に到着 ⑨衆望
東京モノレール、浜松町―羽田間、開業
23日 読売巨人軍の王貞治選手が、年間本塁打55本の日本新記録を更新

10月
2日 大関酒造（現大関）、カップ酒第1号となる「ワンカップ大関」を発売
東海道新幹線、東京―新大阪間、開通 ⑨衆望
10日 **山本伸一、東南アジア、中東、ヨーロッパ訪問に出発**〈〜19日〉 ⑨光彩
第18回オリンピック東京大会、開催（〜24日） ⑨光彩 ⑨衆望
14日 人種差別に抗する非暴力運動を主導したキング牧師、ノーベル平和賞に決定
16日 ソ連の首相フルシチョフ、辞任 ⑨光彩
中国、初の原爆実験成功と発表。5番目の核保有国に ⑨光彩

11月
8日 パラリンピック東京大会、開催（〜12日）
12日 アメリカ原子力潜水艦シードラゴン号が長崎・佐世保に入港。核兵器持ち込みの懸念から反対運動盛んに
17日 公明党結成大会、開催 ⑨衆望

この年

＊**本**……『**愛と死をみつめて**』河野實・大島みち子、『**日本の文学**』〈1〜11〉
＊**音楽**……「**夜明けのうた**」岸洋子、「**君だけを**」西郷輝彦、「**アンコ椿は恋の花**」都はるみ、「**抱きしめたい**」ビートルズ
＊**映画**……『**砂の女**』岸田今日子、『**愛と死をみつめて**』吉永小百合
＊**流行語、話題**……おれについてこい、東京砂漠、金の卵

【参考文献】『新訂版 昭和・平成史年表』平凡社／『昭和 二万日の全記録』第12、13巻 講談社／『日本全史（ジャパン・クロニック）』講談社／『昭和史全記録』毎日新聞社／『20世紀年表』毎日新聞社／『増補新版 現代世相風俗史年表』（世相風俗観察会 編著）河出書房新社

本書は月刊「パンプキン」

（2016年8月号から2018年1月号、8月号）に連載された

「データで学ぶ『新・人間革命』」を

単行本化にあたり、修正・加筆したものです。

本書の各種データは2018年7月現在のものです。

データで学ぶ『新・人間革命』

Vol.4　(8巻〜9巻)

2018年9月8日 初版発行

編　　者	パンプキン編集部
発 行 者	南晋三
発 行 所	株式会社　潮出版社
	〒102-8110 東京都千代田区一番町6 一番町SQUARE
電　　話	03-3230-0781(編集)
	03-3230-0741(営業)
振込口座	00150-5-61090
印刷・製本	中央精版印刷株式会社
	ISBN978-4-267-01984-5　C0095
	©ushio publishing co., ltd　2018, Printed in Japan
装丁・本文レイアウト	茶谷寿子
構 成・ 文	前原政之　川田典由
写真・挿絵提供	聖教新聞社
画	内田健一郎
編集協力	友納加代子

http://www.usio.co.jp/